絵本は語る

はじまりは図書館から

草谷桂子

子どもの未来社

はじめに

「図書館」とはどんなところなのでしょう。私は最初、ただ単に本を借りるところだと思っていました。でも三十三年前に家庭文庫をはじめ、図書館の発展・支援に関わる活動に参加するなかで、図書館の役割の奥深さを知っていきました。

古今東西のあらゆる資料を公平公正に収集・蓄積・保存し、「過去」と「現在」を知り、それをヒントに「未来」への展望をみせてくれる「知の宝庫」が図書館です。赤ちゃんから老人まで、外国の人にも障がいのある人にも、すべての人に本を読むよろこびと、知る自由と、学ぶ権利を保障してくれるところです。そして、市民の知りたい情報を幅広く用意し、最短距離で案内してくれるのが、情報ナビゲーターである図書館司書の役割です。

私は「図書館」からゆたかな森をイメージしています。森は人間だけでなく、多くの生き物の命を守っています。ゆたかな森に降り注いだ雨は、無数の小川をつくり、小川が寄り集まって谷川になり、森の木々や落ち葉から栄養をたっぷり吸いこみ、やがて大河になって大海に流れ、海の資源を育ててくれています。

「図書館の森」は、「福祉」「子育て」「環境」「人権」「経済・社会」「教育・文化」「女性問題」「健康・医療」「芸術・音楽」「歴史・地理」など、あらゆるジャンルの木々が茂っています。情報と資料の蓄積と提供で、それぞれの木は、人々のゆたかな成長を助け、見守り、応援してくれます。

ところで、図書館は利用する人だけが恩恵を受けるのでしょうか。

いいえ。利用した人が図書館で得た知識や感性を、仕事や子育て、地域活動で活かせば、そのまわりにいる人も、図書館へ行かなくても間接的な恩恵を受けます。いい図書館があれば、いい地域になります。「図書館は地域の文化のバロメーター」といわれる所以《ゆえん》です。

「図書館という森を守り育てることこそ、すべての人の人生を支える」

この確信がもてたので、私も細々ながら三十三年もの間、図書館の発展を願う活動に関われました。その過程のなかで、図書館や本に関わるたくさんの絵本に出会いました。その経験を活かして「図書館」や「本」が人々とどう関わり、地域の発展や個人の生き方にどう影響しているのかを、絵本を楽しみながらご紹介したいと思います。

この本ができるまで、私は足しげく図書館に通いました。図書館の存在なしに、この本は完成しませんでした。

いつも私の人生を助け、ゆたかにしてくれる「図書館」と「図書館の職員」、そして「本たち」に、この本を捧げます。

もくじ

表紙絵…菅野由貴子　装幀…シマダチカコ

〈表紙のことば〉

子どもの頃、近くのご夫婦が定年後に開いた小さな児童図書館がありました。歩いて行ける所にあったので母と弟とよく通い、絵本をたくさん読みました。子どもの頃の想像力は大きな宝物です。今思うと、あの図書館がなかったら絵本作家になっていなかったかもしれません。感謝とお礼の気持ちも兼ねて、ある日自分の絵本を二冊ばかり持って伺いました。ご高齢で図書館を閉鎖するぎりぎりのところでお会いすることができ、孫のようにとても喜んで下さいました。

表紙の『トコトコでんしゃ』（すずき出版刊）ですが、赤い電車のトコトコと仲間たちが本をいっぱい積んで、多くの人たちにいろいろな本を届けに行くお話のようにも見えてきました。私も図書館の森の恵みをいただき成長し、一本の木になりました。図書館の森の一本の木として、これからも子どもたちのために楽しい絵本を、トコトコでんしゃのように送り届けたいと思います。草谷さんの素晴らしい活動、陰ながら応援しています。

（菅野由貴子）

第一章　絵本が語る図書館の力

紹介する絵本のタイトル・作者・画家・訳者と発行年、出版社を明記していますが、現在品切で重版未定の絵本もあります。それらはぜひ、図書館にてお楽しみ下さい。

『としょかんライオン』
ミシェル・ヌードセン〔作〕
ケビン・ホークス〔絵〕
福本友美子〔訳〕
2007年　岩崎書店

1. 図書館は、くつろぎと交流の場所

図書館の子どもの本の部屋で、父親の大きな膝にすっぽりはまって絵本を読んでもらっている子の満ち足りた顔！　見ている私も、思わず微笑んでしまいます。図書館は、赤ちゃんからお年寄りまで、だれもが本に出会える安らぎの場です。本だけでなく、人と人が出会い、集い、新たな何かを生み出していく「本と情報の広場」です。図書館の役割りとして最初にあげたいのは、「くつろぎと交流の場」であるということです。

『としょかんライオン』では、大きなライオンまでもが図書館の利用者です。館長は、「きまり」さえ守れば、ライオンだってだれだって受け入れるのです。

そんな図書館にのっそり入ってきた温和なライオンは、すぐに子どもたちと仲よしになりました。

ある日、ライオンは館内では静かにするという「きまり」を破ります。館長が倒れたので、大声で吠えて職員に知らせたからです。「きまり」は大事にしても「きまり」に縛《しば》られない、居心地のいい図書館のようすが楽しく伝わってきました。

『ろばのとしょかん』
ジャネット・ウィンター〔作・絵〕
福本友美子〔訳〕
2011年　集英社

この本のあとがきで、「図書館って、ほかとはちがった不思議な場所よね。だれでも入れるし、なんでもできそうな場所。図書館が好きな人なら、だれだってそう思っているんじゃないかしら。わたしには、図書館でみつけた友だちがたくさんいるの。本の中の友だちと、図書館で働く友だちとね」と、著者がいっています。また、画家は「この本の絵を描きながら、小さいころによく行った図書館を思い出したよ。お話の時間に、仲よしのライオンといっしょに絵本を読んでもらうなんて、最高だね。図書館に行くだけで、動物園に行くみたいにわくわくした、あのしあわせな日々を思い出して描いたよ」と。そして、「子どもたちには、ライオンに寄りかかるみたいにゆったりと本を読んでほしい」と訳者が、それぞれあたたかなメッセージを寄せています。

『ろばのとしょかん』は、コロンビアで本当にあったお話をもとにしています。ロバで僻地《へきち》に本を届けるのは、コロンビアのジャングルの奥に住むルイスさん。本を読むのが大好きで、家はたちまち本でいっぱいになり、奥さんから「本はおかずになりゃしない」と小言を言われます。そんなルイスさんが思いついたことは、さらに遙か山奥の、本が一冊もないところに本を届けることでした。「アルファ」と「ベット」という二匹のロバに本と自分を乗せ、国中の小さな

『こないかな、
ロバのとしょかん』
モニカ・ブラウン〔文〕
ジョン・パッラ〔絵〕
斉藤規〔訳〕
2012年　新日本出版社

村を訪ねて歩きます。ルイスさんは、本を貸し出しする前に、しっかりお話会もするのです。お話に出てくる子豚のお面を子どもたちに配ったりして、サービス満点です。大がかりな移動をしながらも家庭文庫の温かさが伝わってきます。今でもルイスさんのロバは、ポクポクと本を運んでいるとか。雄大な自然を背景にして、本を届けるロバの本屋さんに出会ってみたいものです。南米らしいカラフルな動物や植物の色づかいがすてきな絵本です。

『こないかな、ロバのとしょかん』も、前出のロバの図書館と同じテーマの南米・コロンビアに実在するロバの移動図書館のお話で、一人の貧しい少女の目線で語られています。少女は、母親を助けて働いていますが、家には本が一冊しかありません。その本も読みこんでいるので、もうボロボロです。ロバの図書館がやってくるのを待ち焦がれる少女が、本を読むことで自分の世界をつくって、成長していくお話です。

私が静岡市民になったのは二〇代ですが、当時、駿府《すんぷ》公園でロバのパン屋さんがパンを売っていました。「一休さん」の音楽をかけながらポクポク歩く姿を眺めたことが二回ほどありましたが、残念ながらまもなくいなくなりました。ロバが何かを売り歩くさまは、なんとも素朴でいい風景です。

『リチャードの図書館大冒険』
デイブ・クレッグ〔作・絵〕
唐沢則幸〔訳〕フレーベル館
1995 年　品切重版未定

『ビバリー としょかんへいく』
アレクサンダー・スタッドラー〔作・絵〕
まえざわあきえ〔訳〕
2003 年　文化出版局

子どもたちは、絵に隠れているものを見つけて楽しむ絵本が大好きですが、**『リチャードの図書館大冒険』**では、「何千というすばらしい物語が生きている図書館」にもぐりこむことができます。そこはアドベンチャーの国、ホラーの国、ファンタジーの国、ミステリーの国から成り立つ本の王国で、あちこちへと旅ができるのです。

そして、古今東西お馴染みの物語九八冊の舞台や登場人物を、細かい絵の中からさがす楽しみも味わえます。「ありとあらゆる物語が、息をし、歩きまわり、ことばをしゃべっている」図書館の書棚の中にいると、それだけでブック・シャワーを浴びることができて、世界は広いと思えるでしょう。

『ビバリー　としょかんへいく』のビバリーは、はじめて図書カードをつくってもらい、大好きな恐竜の本を借りてご満悦です。もう離すことができないくらいお気に入りの一冊になりましたが、気がつくと返却期限がきれています。「罰金をとられる」と友だちにおどかされて、ますます返せなくなりました。ママに励まされて図書館へあやまりにいくと、司書は「つぎからは　気をつけて　くださいね」といってから、にっこりわらってくれました。

その本の返却を待っていたのは、やはり恐竜が大好きなオリバーくん。好き

『図書館だいすきーメキシコ』
デマルタ・アビレス〔作・絵〕清水透〔訳〕
1996年　蝸牛社　品切

な本がきっかけで友だちとなり、図書館で恐竜クラブまでつくってしまいました。図書館は、本だけでなく、人と人とをつないでくれるところでもあります。

私は行ったことがない国ですが、『図書館だいすきーメキシコ』ではメキシコの図書館のようすを想像することができました。表紙には、子どもの本の部屋で本を楽しんでいる子どもたちが描かれています。その中心には、車椅子に乗った女の子がいます。

「図書館は本の町。だから、ぼくの楽しみはその町の秘密をさがすことなんだ」という図書館が大好きな男の子が主人公で、物語はすすみます。歴史、文学、音楽、算数、科学など何でもある図書館のコーナーに行って本の世界を楽しむようすが、白黒の細かい線描画でファンタスティックに描かれています。

少年は、図書館でさまざまな本の登場人物と出会い、知識を得、音楽や芸術を楽しみ、どんどん自分の世界を広くしていきます。図書館の中だけでなく、本の中でも友だちと出会うのです。

障がい者サービスや多文化サービスをしていることが挿し絵の細部でわかり、図書館の幅広い役割がさり気なく描かれています。

『ヒラリーとライオン』

フランク・ディサイクス〔文〕
デビー・デューランド・ディサイクス〔絵〕
たかはしけいすけ〔訳〕
1992年　セーラー出版（現社名　らんか社）
品切重版未定

ニューヨーク公共図書館はとても広く、いくつかの建物から成り立っていて、そのうちのひとつに、アメリカの図書館の象徴ともいえる二匹のライオンの大理石の像が立っています。二匹のライオンは、レノックス氏とアスター夫人という名前で、「忍耐」と「堅実」を意味し、恐慌時代を乗り切るために、人々の意識を鼓舞する象徴として生まれたそうです。

アメリカでは一九四八年に、いち早く「図書館の権利宣言」を採択し、その中の条文に「図書館の利用に関する個人の権利は、その人の出身、年齢、経歴あるいは見解によって拒否され、または制限されることがあってはならない」とあります。「シティ・オブ・エンジェルス」など、映画でも文学でもよく舞台になって登場するのがニューヨーク公共図書館ですが、その権利宣言が採択された五〇年以上も前の一八九五年に創設されました。絵本でも**『ヒラリーとライオン』**、**『アンディとらいおん』**の舞台になっています。

『ヒラリーとライオン』の主人公はヒラリーという女の子。初めて喧騒《けんそう》のニューヨークに来て、両親とはぐれてしまいます。疲れ果てて眠った場所が、ライオンの像の台座の上。ここがファンタジーの入り口です。ライオンの背中に乗せてもらったヒラリーは、ニューヨークの街中を探検して走りまわります。その楽しい体験は、これから住む町のようすを知ることでもありました。

『アンディとらいおん』
ジェイムズ・ドーハーティ〔作・絵〕
村岡花子〔訳〕
1961年　福音館書店

本から「想像の世界を楽しむための翼と、根を張って生きるための根っこ」をもらえると思いますが、このファンタジーも図書館の入り口のライオンからはじまるところに、「翼と根っこ」の役割が象徴的に語られています。

一方、『アンディとらいおん』の少年アンディは、意気揚々と図書館に出かけます。目的はひとつ。大好きなライオンの本を借りることです。夢中で本を読み、頭の中はライオンでいっぱいで、ライオンの夢まで見るほどです。

ある日、学校に行く途中で、ついに本物のライオンに出会います。子どもにとって、好きなものがあること。好きな本があること。このふたつが、どんなに大きな喜びであるかが伝わってくる絵本です。

ところで、ニューヨーク公共図書館の大理石の二匹のライオンの意味について、気になって、県立図書館にレファレンス（資料の相談）してもらったことがありました。お願いしてから十五分くらいで、前述したような「『忍耐』と『堅実』を象徴している」という答えが返ってきました。観光パンフレットに載っていたそうです。司書は、利用者の「知りたい」ことに応えてくれる情報と資料のナビゲーターです。観光パンフレットに目をつけるなんて、さすが資料のプロだと感心したものです。

インドの図書館学者であるランガナタンは、図書館の五原則をあげています。

『としょかんたんてい ゆめきちくん』
J－B．バロニアン〔文〕
L．L．アファノ〔絵〕
佐藤見果夢〔訳〕
1999年　評論社　品切重版未定

『ポチポチのとしょかん』
井川ゆり子〔作・絵〕
2003年　文溪堂

その中に「図書館は読者の時間を節約する」とありますが、まさにそうです。ヘビーユーザーである私は、いつも図書館の存在に感謝しています。

『としょかんたんてい ゆめきちくん』に出てくるバクのゆめきちくんは、本が大好き。一番好きな探偵の本は、読みはじめるとやめられません。お風呂の中でも歯磨き中でも読んでいます。ゆめきちくんが世界で一番好きなのは、図書館なのです。朝起きるとすぐに図書館へ行き、自分の好きな本を読むだけでなく、みんなに本の読み語りもしました。

ある日、館長が浮かない顔をしていました。大切な金色の本が行方不明になったのです。しかし、ゆめきちくんのお手柄で、犯人のカラスを突きとめます。金色に光っているからという理由だけで本をさらったカラスは、それをきっかけにして、初めて本を読む楽しさを知るのです。図書館に足を運ぶこと。それが本好きになる初めの一歩です。

『ポチポチのとしょかん』は、動物が書いた本が置いてある「動物のための図書館」です。主人公の「ぼく」がいつも行く図書館で、窓にすわっていたポチポチという不思議な子犬が連れて行ってくれたところ……それが「動物の図

『としょかんへいく
ピープちゃん』
クレシッダ・コーウェル〔作・絵〕
佐藤見果夢〔訳〕
1999年　評論社

書館」でした。そのポチポチの図書館では、いろいろな動物たちが、いろいろなポーズで、いろいろな本を読んでいます。「ぼく」がおまじないの本を見つけて「人間になれ～」と呪文を言ったら、いつもの人間の図書館に戻っていました。

よく見ると、さっき会った動物たちと同じような服を着ている人ばかり。おなじみの図書館が一瞬、異世界にワープしたのは、「ぼく」が読んでいたファンタジーの本のせいかもしれません。細かい絵とともに変身の楽しさが味わえる絵本です。

『としょかんへいく　ピープちゃん』のピープちゃんは、「マザーグース」に登場する羊飼いです。迷子になった羊をさがすために、「さがしものなら図書館だ！」という友人のアドバイスどおり、司書のマザーグースが勤める「マザーグース図書館」にいってみます。

ようやく見つけた『まいごのひつじをさがすには』という本には、「ほっときゃいいいさ　そのうちかえる　しっぽを　ちゃんと　くっつけて」とマザーグースの歌詞と同じことばが書いてありました。

「マザーグース」や、昔話の登場人物が、本のタイトルなどから想像できる

『ごほん！　ごほん！　ごほん！』

デボラ・ブラス〔文〕
ティファニー・ビーク〔絵〕
おがわひとみ〔訳〕
2005年　評論社

楽しい仕掛け絵本です。そう、「さがしものなら　図書館だ！」。

『ごほん！　ごほん！　ごほん！』に出てくる原っぱは、動物と人間の子どもたちがまじりあって楽しく遊ぶ場でした。でも、動物たちは、人間の子どもたちが学校に行ってしまうと、急に退屈になりました。そこで、動物たちは町に出かけます。めんどりが「みんなしあわせそう。きっと、ここがさがしていた場所よ」と、指さしたのが図書館でした。

それなのに、そこにいた司書に「本を読みたい」ということばが通じません。めんどりが「ごほん！　ごほん！　ごほん！」と咳払いして、ようやく本が手に入ったという楽しい展開の絵本です。

面積が日本一小さな富山県舟橋村の舟橋村立図書館は、住民一人当たりの貸出率の高さで知られています。その村立図書館に、カモシカが入ってきたという新聞記事（二〇〇八年七月）を見て、山里の図書館を舞台に童話を書いていた私は、さっそく取材に行きました。てっきり山の中の村の話だと思いこんでいましたが、なんと、駅構内に隣接する便のいい図書館でした。カモシカは山から下りて川に沿って移動してきたのだそうです。

『カモシカとしょかん』
魚瀬ゆう子〔文〕水上悦子〔絵〕
2009年　桂書房

図書館内を見学するなかで、図書館サービスのレベルの高さに驚きました。とても居心地がよく、職員のチームワークもよかったのです。当時の館長の高野良子さんは、「どなたも、来るもの拒まずの図書館だけれど、さすがにカモシカは……」と名セリフをつぶやいたそうですが、司書としての利用者目線の仕事ぶりもたいしたものでした。利用する子どもたちの名前や特徴を、ひそかにメモして仕事に役立てているそうです。

私がうかがったとき、カモシカ入館の事実を絵本にして「図書館」の宣伝にしたいとおっしゃっていました。どんなことも「図書館への理解」につなげてしまう取り組みに感嘆したものです。そして、その夢の実現を後押しした行政の理解もすばらしいと思いました。貸出率日本一を誇る図書館はこういう人たちに支えられて発展を続けているのですね。普段の緻密な仕事ぶりと各方面とのネットワークがあるから、すぐにチャンスをかたちにできるのだと思いました。

カモシカがきたことで有名になり、また絵本『カモシカとしょかん』で有名になり、村の人たちは「わが村の図書館」をさらに自慢に思うことでしょう。

絵本はほのぼのとした絵で、事実をもとにカモシカ君の立場で描いてあります。そして、「子どもも、カモシカも図書館が大好き！」に結びつける終わり

『コウモリとしょかんへいく』
ブライアン・リーズ〔作・絵〕
さいごうようこ〔訳〕
2011年　徳間書店

かたがさすがです。本物のカモシカの写真がコーティングされて、栞《しおり》になっていることもすてきです。

本がたくさんある図書館が大好きなのは、人間だけではありません。『**コウモリとしょかんへいく**』では、ある晩コウモリたちが図書館の窓があいているのに気づき、大よろこびしてみんなで入りこみます。いつも図書館を使っているおとなのコウモリたちは、お気に入りのごちそうの本（虫の図鑑）を開いたり、本の話に夢中になったりですが、子どものコウモリたちは初めての図書館に興奮し、コピー機や水飲み場でいたずらして大騒ぎ。

でも、おとなのコウモリが絵本を読みはじめたら、急に静かになりました。逆さになって梁《はり》にぶら下がり、並んでお話を聞くコウモリたちの姿のかわいいこと！

『かもさんおとおり』『おやすみなさいおつきさま』『不思議の国のアリス』など、おなじみのお話の世界に入りこんで楽しむコウモリの子どもたちです。

「ああ　おもしろかった！　としょかんって　ほんとにいいところ！」と、夜明けとともに飛び去るコウモリたちに、こっそりまた、図書館の窓を開けてあげたくなりました！

『夢の図書館』
笠原良郎〔文〕いとうみき〔絵〕
2010年　アリス館

『夢の図書館』では、「こんな図書館あったらいいいな！」と、思い切り想像をふくらませたユニークな楽しい図書館が登場します。

読書するイスの形も、丸型あり、三角型あり、孤独を楽しむ隠れ家もあります。庭の木にはハンモックがつり下がり、パラソル付きのテーブルやコタツまであります。ホールも展示室もレストランもあって、なんと、昆虫館や天体観測ができる天文館も、ロボットのいるロボット館もあります。まさに夢の図書館です。

「夢の図書館の目標」は、

1. だれでもいつでも自由に入れること
2. わからないこと、知りたいことは、必ず調べられる
3. 読みたい本は、必ず手に入る
4. ほしい資料がかんたんにさがし出せる

ですって。

「図書館って、なんでもありだね」のことばが、印象に残りました。

図書館と私とピッピロッタ

藪崎あずさ

小学生の頃、私たちきょうだい３人は、母に連れられてよく、Ｙ町の市立図書館に通ったものでした。子どもの足で、歩いて 20 ～ 30 分ぐらいで、散歩にもちょうどいい距離のところにありました。南側に子どもの本のコーナーがあって、子どもの私たちはそこで、好きなだけ本を読みました。

母の行くおとなの本のコーナーは、何だか棚も天井につきそうなほど高く（と小さい私には見えた）、せまいし、うす暗いし、そんななかで『幽霊』とか『わが死生観』などという背表紙の文字が目に入ると、ぎょっとして、顔をそむけてそこを通りすぎたりしました。

そこの図書館員は母の友だちでした。そんなわけで、特別に本を何冊でも借りていいことにしてくれていました（実際は家族中のカードで借りていたと後で知ったのですが）。まだ、図書館も今のようにコンピュータがなかった、のんびりとした時代でした。

好きな本、おすすめの本はいくつもありますが、私たちのとくにお気に入りは、『長くつ下のピッピ』（リンドグレーン作）でした。主人公のピッピは、とても力持ちの女の子。父さんは船乗りなので普段はひとり暮らしをしています。朝ごはんはケーキを食べ、カバンいっぱいの金貨を持っていて、それを惜しげもなく使い、となりの家のトミーとアンニカと３人でいたずらや冒険にあふれた生活を送る、というお話。

これを読んだ私たちきょうだいは「ピッピロッタごっこ」なるものを考え出し、階段の手すりに、縄とびをくくりつけてそれを伝って登ったり、航海中の船に見たてた二段ベッドに乗って♪ピッピロッタの歌♪を歌ったりして遊んだのでした。（母は「しつけに悪いのではないかしら、朝ごはんにケーキだなんて！」と心配したらしいですよ）

あの頃の母の年齢になり、やっぱり３人の子を連れてＭ市の図書館に通う私です。

『はちうえはぼくにまかせて』
ジーン・ジオン〔文〕
マーガレット・ブロイ・グレアム〔絵〕
もりひさし〔訳〕
1987年　ペンギン社

2. 図書館で課題解決！

「困ったときには図書館へ」

この図式は、身近に図書館があり、図書館を利用することが生活の一部になっている人にとっては、あたりまえのことです。日本よりも図書館施策が百年も進んでいるといわれる欧米では、絵本の中でも子どもたちが図書館を上手に使いこなしている場面がよく登場しています。

『はちうえはぼくにまかせて』の主人公トミーも、図書館を上手に使っています。パパが忙しくて、夏休みにどこにもつれていってもらえないトミーは、長期旅行をする人から鉢植えを預かって育てるアルバイトを思いつきます。育ちすぎた植物で、家の中はまるでジャングルのよう。そこでトミーは、大きくなった植物の処理方法を知るために図書館へ行きました。

「あさごはんも　そこそこに　トミーは、『ちょっと　いってくるね。』といって　かけだして　いきました」

この文に出会ったとき、私は思わず「うーん。いいなあ」となってしまいました。思い立ったとき、ひとりで走っていける図書館が身近にあるなんて、

『あこがれのうちゅうひこうし』
ミケラ・マンティン〔文〕
ジョー・イワーズ〔絵〕
しばたよういち〔訳〕
1994年　フレーベル館

うらやましいです。トミーは、図書館の本で株分けの方法を学び、株分けした鉢植えを売っておこづかいを稼ぎます。これぞ、まさしくビジネス支援です！　図書館は、生活力旺盛な子どもを育て、応援するところでもあるのです。

絵本には、作者の状況や考え方が如実にあらわれます。困ったときに「ちょっと、いってくるね」と、走って図書館へ。そんな日常が、日本でもあたりまえのように絵本に描かれてほしいですね。

セサミストリートの「おおきくなったら」シリーズの中に、**『あこがれのうちゅうひこうし』**があります。デイジーという女の子の夢は宇宙飛行士になること。そのためには、どんな勉強をしたらいいかを知るために、さっそく図書館に行って調べます。壁に「READ」と書いたポスターがありました。そして『すばらしいうちゅうりょこう』という本を見つけ、勉強をはじめます。そう、図書館は将来の夢を実現する手伝いをしてくれるところでもあるのです。

日本の学生は「知識を詰め込む勉強」をし、欧米の学生は「わからないことを、どういう方法で調べるかを学ぶ」と、いわれます。この絵本には図書館を知ることで、調べ、学び、その知識を活かして生き生きと生活する子どもの姿が描かれています。

『ぼく、ムシになっちゃった』
ローレンス・デイビッド〔文〕
デルフィーン・デューランド〔絵〕
青山南〔訳〕
2002年　小峰書店

カフカの『変身』の絵本版ともいえる『ぼく、ムシになっちゃった』では、虫になってしまった主人公のグレゴリー少年とその友人が、学校図書館の百科事典で虫の名前を調べます。

「君が　なんていうムシに　なったのか、あとで図書室で　調べようよ。そうしたいだろう?」

「うん」と、グレゴリーは　答えました。

「ムシになるにしても、自分が何なのかぐらいは知らなくちゃね」

友だち同士の、この味のあるセリフにほれぼれしました。

自分を知ることは自立の一歩です。こんなセリフが自然に出るのも、「困ったときには図書館へ」のことばが、習慣としてしっかり頭に入っているからでしょう。

『コアラとお花』のコアラは、「どうやれば花が咲くのか?」を知りたくて、だれかに会うたびに質問します。いいかげんな知識を得意気に教えてくれた動物もいましたが、ロバは正直に「知らない」といい、「でも、わからないことがあったとき、いつも行く場所があるんだよ」と、図書館に案内してくれます。

そこはまさに「本の森」でした。動物たちが思い思いの風情で読書を楽しん

『コアラとお花』

メアリ・マーフィー〔作・絵〕
ひだみよこ〔訳〕
2001 年　ポプラ社　品切重版未定

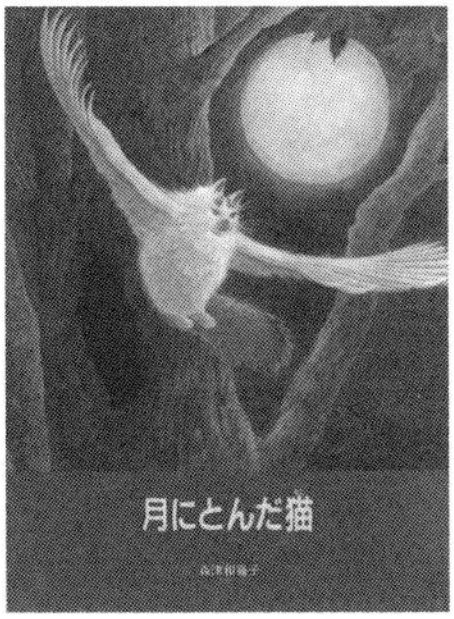

『月にとんだ猫』

森津和嘉子〔作・絵〕
1996 年　文溪堂

だり、調べものをしています。このとき、コアラは初めて「だれにでも知らないことが、たくさんある」ということを知ります。そして、図書館の本で勉強し、願いどおりに、立派な花を咲かせます。「知識を詰め込む場」ではなく「わからないことを調べる場」が図書館です。

最後のページの「としょかんへ」と書いた道しるべの下で、図書館の存在を教えてくれたロバの背中にまたがり、「まるで、まほうみたい……」と、しあわせそうにつぶやくコアラが描かれています。

『月にとんだ猫』の「ぼく」は、「ヒメ」という名の猫を飼っていますが、行方不明になってしまいました。犯人と思われるフクロウのことを調べるために学校図書館に行きます。

しんとした図書館は、カサカサと紙の音がして、森の中を歩いたときと同じ音がしました。森の中の静けさは、何があるかわからない謎を秘めた図書館の静けさと似ているのです。猫の「ヒメ」は、フクロウの一部になって月に向かって飛んだと想像できる結末も、ふくろうが「知」の象徴でもあるが故、さらに余韻が感じられました。

日本の作品にも学校図書館があたりまえのように登場するようになったこと

『本って、どうやって探したらいいの？』
赤木かん子〔文〕すがわらけいこ〔絵〕
2007年　ポプラ社

はうれしいことです。

『本って、どうやって探したらいいの？』は、『図書館へいこう！』全三巻のうちの一冊です。何か知りたいことがあったら「図書館へいこう！」と、楽しいイラストで図書館にいざなってくれます。「あそこにいけばなんとかなるよ、きっと」「やさしいししょのひとがいるし」「たのしかったしさ」と、図書館が紹介されています。

まずは、レファレンスカウンターに行きます。調べものの相談にのってくれるところです。この本は主に本の分類について書かれていますが、衣類をタンスの中にどう整理するかを例に、案内板の記号のすべてに意味があることを教えてくれます。読者が記号をつける疑似体験をできる工夫もあり、全三巻の他のシリーズも合わせて読むと、図書館が身近な場所になるでしょう。

同じ作者の『図書館って、どんなところなの？』は図書館の基本を、『テーマってどうやってきめるの？』は自由研究や調べ学習のヒントを、楽しくわかりやすく伝えてくれます。

図書館って頼りになるね！

清　尚子

調べごとをするために、公立図書館に立ち寄った時のことです。私が小学校で学校司書をしていた時に卒業した２人に偶然出会いました。学校図書館は子どもたちが将来図書館のよき利用者になるための最初の入り口と考えていましたから、私は調べ学習の授業でも、楽しみのための利用でも、なるべく敷居を低くし、子どもの目線で親しく話しかけるようにしてきました。

２人は、自分たちで考えて市立中央図書館まで来たようです。テーマを聞くと、「声優」と「だまし絵」。「声優」と検索はしたものの、資料の探し方がわからないようでした。「だまし絵」にいたっては、検索機でそのままテーマを入力してもお目当ての本はさっぱり見あたらず、一向に進んでいない状態でした。私が「こういう時にこそ、カウンターで質問してみようよ」というと、恥ずかしがっていた子どもたちは、しぶしぶカウンターでレファレンスに臨みました。

すると図書館員はてきぱきと応えて、テーマに合った資料を絵本や児童書、一般書のあちこちの棚からＣＤまで教えてくれました。検索機は便利ですが、深く調べる時にはそれだけでは限界があり、資料をよく知る図書館員の力が必要なことを知ったようです。その日、資料を手にし、試聴することもできました。そして後日のために、他館にある資料も予約していき、「今度からは、図書館の人に質問してみます。図書館ってやっぱりいいね」と満足そうに帰っていきました。子どもたちが自分の意思で公共図書館を使うようになったとき、こんなにいい体験ができたら、これからもずっと図書館を信じて役立ててくれるでしょう。

図書館には司書がいて、利用者一人ひとりのために相談にのってくれます。検索機では出てこない有効な資料を探したり、その場にない資料を取り寄せたりしてくれます。「遠慮しなくてもいいんだよ、楽しんだり頼りになるところなんだよ」と、みんなに教えてあげたい気持ちになりました。

（元学校司書）

『ちいさいケーブルカーのメーベル』
バージニア・リー・バートン〔作・絵〕
かつらゆうこ／いしいももこ〔訳〕
1980年　ペンギン社　品切重版未定

3．地域のしあわせを育む図書館

『ちいさいケーブルカーのメーベル』は、廃止されそうなケーブルカーをめぐって、市民の投票で存続が決まるという物語を絵本にしたものです。民主主義の原理や手続きを、子どもたちにわかりやすく伝える絵本ともいわれています。存続を願い、ケーブルカーを愛する人たちが会議のために集う場所として、堂々と図書館が出てきます。住民はそこで、「サンフランシスコのケーブルカーをまもる市民の会」をたちあげます。

「図書館は、常に中立の立場で、考えたり判断したりするための資料を提供するところ」です。自分で考える自立した市民を育て、応援する場所でもあるわけです。

『としょかんねこデューイ』は、二〇〇八年に出版されたおとな向けの本『図書館ねこデューイ』（早川書房）の、同じ作者による絵本版です。著者はアメリカのアイオワ州の図書館長。図書館の返却ポストに捨てられていた子ネコをデューイ（図書の分類法をいう）と名づけ、図書館で飼うことにした実話から生まれたお話です。愛くるしい図書館ネコは、不況でぎすぎすしていた町の人々

『としょかんねこデューイ』
ヴィッキー・マイロン／
ブレット・ウィター〔文〕
スティーヴ・ジェイムズ〔絵〕
三木卓〔訳〕
2012年　文化出版局

の気持ちを和らげ、町の人々と町そのものを変えていきます。おとな版の本に、著者が図書館長として何をしたかが、左記のように描かれています。

「厳しい寒さで農作物の収穫もない農業危機の時代。図書館では、職業紹介コーナーをつくり、仕事の技能、技術訓練についての本を紹介し、パソコンを設置して、市民の生活の自立支援をした。その予算獲得のために、市民や関係者にこう訴えた。『図書館は倉庫ではなく、地域社会の中心です。舗装した道路はすてきだけれど、温かく歓迎する友好的な図書館のようには地域社会の精神を高揚させません。誇りにできるような図書館があると、人々の士気が上がると思いませんか』」

　図書館の発展が、ひいては地域のしあわせに結びつくことがよくわかります。絵本では、デューイが図書館の中で子どもたちと親しく触れ合うようすが描かれています。

『うみのどうぶつとしょかんせん』では、海のまん中の島が舞台です。住んでいるのは動物たち。図書館は島のまん中にありますので、浜辺に住む動物たちは、なかなか図書館に行けません。そこでトラの村長に、新しい図書館を浜辺にもつくってほしいという声が届きます。それも、島中のあちこちの浜辺か

『うみのどうぶつとしょかんせん』
菊池俊〔文〕こばようこ〔絵〕
2012年　教育画劇

らなので、けんかになりそうな気配です。

村長がサルに相談すると、サルは、「わしにまかせなさい。ギーコギーコ　すっとんぱんっと　つくっちゃうから」といいました。島に「ギーコギーコ　すっとんぱん」の愉快な音がくり返し流れ……、できあがったのが、そう、海の動物図書館船。これなら、どこの浜辺にも公平に行けますからね。クジラだって恩恵に預かっちゃいました。

図書館が欲しかったら、「まずは声を上げること」。そして、お金がなかったら「頭を柔らかくして知恵を絞ること」です。

海の風をゆったりあびて、本を楽しむ島の動物たちのようすが伸びやかな絵で描かれています。

『道はみんなのもの』の舞台は、百年前のベネズエラ。都会の丘の中腹に家が立て込み、ひしめき合って住んでいる貧しい居住区です。道や階段の狭い空間が子どもたちの遊び場という環境のなかで、子どもたちが自分たちの遊び場を得るために行動を起こす話です。

母親が子どもの髪のシラミ（?）を捕っている場面、お巡りさんが犯人らしい人を調べている場面、建築途中のままの家など、細部までていねいに描いた

『道はみんなのもの』
ルーサ〔文〕モニカ・ドペルト〔絵〕
岡野富茂子／岡野恭介〔訳〕
2013年　さ・え・ら書房

絵は、当時のベネズエラの、貧しくもたくましいくらしぶりを伝えてくれます。おとな（政治家）の欺瞞《ぎまん》が、短い場面とことばで書かれていて、これは「現代」にも「日本」にも通じると思いました。

人々が力を合わせるようになる道筋を描いていますが、かといってすべての人が一丸ではなく、勝手なことをしている人がいたり、臆病そうな人もいます。居酒屋での男のひとことが子どもたちを応援するきっかけになるなど、地域のみんなが気持ちを一つにして、地域を変えていく過程が描かれています。

その話し合いの場が図書館で、図書館の司書が子どもたちの味方でもあり、密かに後押しをする役割で描かれています。司書は子どもたちを見守って、場所を提供しているだけですが、それでも考えて行動する子が確実に育っているようすがわかります。子どもたちは、本を読むことも外で遊ぶのも好きです。だから、図書館だけでなく「遊ぶ場所も」という設定に共感しました。

『にんじんばたけのパピプペポ』の作者・かこさとし氏（一九二六年生まれ）は、たくさんのロングセラー絵本を出版されていて、今なお現役で活躍されていますが、「お元気のもとはニンジンかしら」と、想像してしまう絵本です。

『にんじんばたけのパピプペポ』
かこさとし〔作・絵〕
1973 年　偕成社

ブタの両親は働き者なのに、二十匹の子ブタたちは手伝いも勉強もしないで困ったことばかりしています。ある日、はじめてニンジンというものに出会った子どもたち、最初は毒かと思いましたが、食べてみておいしいのにびっくり。おまけに体があたたかくなって、いいことをしたくなります。怒り顔で顔色のわるかった子ブタたちが、ページをめくるごとに血色のいい笑顔に変わっていきます。そして、子ブタたちはニンジンの栽培をはじめます。さらに、掘った土を利用してレンガを焼きますが、村のみんなのためにそのレンガを何に使ったと思いますか？

きれいな保育園、立派な図書館、大きな劇場。そして残ったレンガを使って、今まで住んでいた小さな小屋を作り直しました。一九七三年出版ですから、四十年も前に描かれている絵本ですが、この三つの建物を建設するという視点から、子どもたちへの愛情を感じます。

『風をつかまえたウィリアム』は、アフリカのマラウイという国の実話です。二〇〇一年頃、マラウイでは全く雨が降らず、主食のトウモロコシが育ちませんでした。食料が値上がりして当時十四歳の少年ウィリアムの家はお金がなくなってしまいました。食事も一日一食になり、学校をやめなくてはなりません。

『風をつかまえたウィリアム』

ウィリアム・カムクワンバ／ブライアン・ミーラー〔文〕
エリザベス・ズーノン〔絵〕さくまゆみこ〔訳〕
2012年　さ・え・ら書房

家で何か役に立つことはないかと思ったウィリアムは、近くの図書館に行き、科学の本に出会います。辞書を片手に英文を読み解き、本に書いてあったことを参考にして、自分で風車を作ります。ゴミ捨て場から拾ってきた廃物利用の風車でしたが、試行錯誤の末、電気がつくようになりました。

顔以外は貼り絵の手法でのダイナミックな絵が、アフリカの大地と主人公の前向きな生き方を象徴しています。解説によると、このことがラジオやインターネットで報道されて評判になり、寄付が集まり、ウィリアムは学校にもどれたばかりか、アメリカの大学で学べることになったそうです。今は、再生可能エネルギーをつかって、村のために発電や灌漑《かんがい》装置を作ろうと計画しているそうです。

二〇一〇年にペーパーバックで文藝春秋から出版された『風をつかまえた少年』（ウィリアム・カムクワンバ／ブライアン・ミーラー〔文〕田口俊樹〔訳〕文藝春秋）によると、ウィリアムが勉強した図書館は、アメリカのNPOが作ったようです。途上国に図書館を建設したり、本やお金を寄付する支援活動は、日本でも盛んにおこなわれていますが、図書館は個人だけでなく、地域や国の自立も助ける存在だと再認識しました。

「ひびきの会」との出会いに感謝

松本光子

私と静岡市立図書館との出会いは、友人からの紹介がはじまりです。以来20余年間、図書館を通じて「ひびきの会」のさまざまなサービスを受けています。ＣＤ図書や広報類、新聞コラム集などのテープ貸し出しに加え、「対面朗読」です。

私は広島で被爆、翌年不発弾により両眼を失明し、49歳の時の病をきっかけに、以来平和運動に携わってきました。それらの講演会や勉強会に向け､資料の整理･下準備の読書などが必要でした。「対面朗読」で、その時々のお手伝いをして頂いて本当に助かりました。ことばでは尽くせないほど感謝しています。また、最新の話題本や、好きな詩など、録音図書にまだないものも､対面やプライベート録音をしていただきます。毎回対面の日が待ち遠しく､楽しさも増し､生活がゆたかになりました。

視覚障害者は、「耳からの読書の楽しみ」も「情報を得る」のもだれかの助けが必要です。図書の宝庫の図書館の中に、同じ図書館を利用する本の好きな音訳者のサポートがあることは、レファレンスと目の代わりと共に力強く、大きな喜びを得ています。加齢と共に、点訳が読みにくくなり、外出もしにくくなってまいりました。視覚障害者に限らず、ご高齢の方々にとっても「音からの読書と情報」の提供ニーズは増すのではないでしょうか。これまでのサービスを感謝しつつ、ひとりでも多くの方が、市内どこででも、安心して時代にマッチした同じサービスが受けられる公立図書館の存在を願っております。

【註】
①現在、静岡市立図書館での録音は、全てデジタル化しています。
②松本光子さんは、今年（2013年）６月に99歳の生涯を全うなさいました。
約四半世紀のお付き合いの中で、多方面の対面朗読及び録音をさせていただき、大先輩から実に多くのことを学ばせていただきました。折しも、3.11以後の福島の問題を通じて、未来の子どもたちにこれ以上禍根を残さないために、日本における原発の舵取りを如何にすべきなのか…？が問われている現在、光子さんと共に読んだ膨大な記事（広島、長崎、チェルノブイリ、マーシャル諸島などの被ばく関連）や若々しいお声と祈りが浮かびます。
（静岡市立中央図書館「音訳ボランティアひびきの会」対面朗読担当　髙橋醇子）

4. 図書館が人生を変えた⁉

本を読むことは、本に登場する多くのモデルに出会って、多様な生き方や考え方を知ることです。いわば、選択肢が増えることだと思います。一編の詩や何気ない情報が、人生の転機になることもあります。人との出会いも同じです。親切な司書との出会いが、新しい道を切り開いてくれたり、図書館で友だちができて、思いもかけない展開があったりするさまざまなドラマを、絵本で見てみましょう。

『トマスと図書館のおねえさん』の主人公トマスの家族は、メキシコからアメリカに移住し、国内を古い車で移動しながら農業の手伝いをして生活の糧を得ています。トマスは満足に学校に通えません。しかし、滞在中の町の図書館へ行くことにより、好奇心を満たし、知識を得ていきます。

図書館司書のおねえさんとの交流を通して、トマスは本を読むよろこびを知ったばかりか、母国語であるスペイン語をおねえさんに教えることで、自信と誇りをも獲得します。浮草ぐらしの少年にとって、図書館はどこよりも居心地のいい場所になりました。この絵本のモデルになったトマスは、のちに作家

『トマスと図書館のおねえさん』
パット・モーラ〔文〕ラウル・コローン〔絵〕
藤原宏之〔訳〕
2010年　さ・え・ら書房

『ぼくのブック・ウーマン』
ヘザー・ヘンソン〔文〕
デイビッド・スモール〔絵〕藤原宏之〔訳〕
2010年　さ・え・ら書房

になりカリフォルニア大学長も務めました。

どんな境遇であっても、生活圏の中に本にふれる環境があることで、だれもが思いがけない人生を手に入れることができるものです。著者は絵本のはじめにこんな献辞を書いています。

「私たちを本の世界にさそってくれるすべての図書館員に、この本をささげる」

『ぼくのブック・ウーマン』も、本の読めなかった山奥の少年と交流する司書を描いています。一九三〇年代の不況時代のアメリカが舞台で、実在した女性図書館員をモデルにつくられた絵本です。

図書館がない場所に本を届けるために、どんな僻地《へきち》にも馬に乗り、暑い日も嵐の日も遠い道のりでも、ひたすらその職務をまっとうする、忍耐強く奉仕精神にあふれた女性は、ブック・ウーマンと呼ばれていました。

この絵本の主人公の少年も辺鄙《へんぴ》な山奥に住んでいます。本を読めなかった少年は、ブック・ウーマンのおかげで本好きな少年になり、険しかった表情が次第に柔らかくなっていきます。

どんな不況の時代にも、いいえ、不況だからこそ「子どもたちに本を読ませたい」と願い、失業者雇用対策としてブックウーマンを雇ったというアメリカの図書館政策はさすがです。

『としょかんねずみ』
ダニエル・カーク〔作・絵〕
わたなべてつた〔訳〕
2012年　瑞雲舎

『としょかんねずみ』は、図書館の調べ物コーナーの後ろに住むねずみのサムが主人公です。サムは人がいない時を見計らっては本を読んで、図書館ライフを堪能《たんのう》しています。おかげでサムの頭の中は、本の知識や知らない世界の空想などでいっぱいです。

そのうち、読むだけではあきたらず、本を書くことにしました。『ちゅてきな　ねずみのまいにち』が初めての作です。だれかに読んでもらいたくて、書棚に並べておきました。

すると次の日、女の子がその本を見つけ、司書の手にわたり、評判になります。よろこんだサムは、次々に本を書きました。

ほかにも書いた『さびしがりやのチーズくん』『ねずみやしきのなぞ』も評判になり、なんと、司書から「『作家に聞こう！』という企画でお話を書くヒントをお話ししてくれませんか？」という手紙がきました。

困ったサムが考えた思いもつかないことは……。

サムは大勢の子どもたちに、どんな方法で何を伝えるのでしょうか。図書館は本を読むだけでなく、作家を育てる場所でもあるのです。

『としょかんねずみ２』では、前出の作家になった図書館ねずみのサムと、人間の男の子トムとの秘密のつきあいが語られます。

恥ずかしがり屋のねずみのサムは、まだだれにも作家であることを知られていません。でも、「図書館の絵本作家クラブ」で本を作ることになったトムにだけ、正体がばれてしまいます。

トムが文を書き、サムが絵をつけ、一冊の絵本ができました。力を合わせ、秘密は固く守る友情の物語です。

『としょかんねずみ３』は、サムが女の子のねずみサラに出会います。

サラは、サムと正反対の性格で 行動的で探検が大好きです。こわがりやのサムが元気な女の子に振り回される展開が、楽しく描かれている絵本です。本を読んで調べ、実行した冒険が、サムの次の絵本の創作に活かされていくのかもしれません。

『としょかんねずみ』シリーズ三冊をまとめて読むと、図書館や本の存在がさらなる成長につながることに気づくでしょう。

『としょかんねずみ２』
『としょかんねずみ３』
ダニエル・カーク〔作・絵〕
わたなべてつた〔訳〕
２は2012年、３は2013年
瑞雲舎

『しつれいですが、
魔女さんですか』
エミリー・ホーン〔文〕
パヴィル・パヴラック〔絵〕
江國香織〔訳〕
2003年　小峰書店

『しつれいですが、魔女さんですか』では、図書館がのらネコと魔女をつなぐ役割を果たしています。のらでひとりぼっちの黒ネコのハーバードは、図書館が大好きです。あたたかくて居心地がよく、本がたくさん読めましたから。

ある日、魔女の百科事典と呼ばれる本を読んだハーバードは、魔女が最も愛するのは黒ネコだということを知ります。そこで「しつれいですが、魔女さんですか？」と、外に出て魔女探しをはじめます。

なかなかうまくいかないのであきらめたハーバードは、また図書館に戻ります。そこには、魔女学校の生徒たちがきていました。念願どおり、魔女たちといっしょに暮らせることになった黒ネコのお話です。

この絵本では、魔女学校の先生が生徒たちを連れて図書館にきますが、欧米ではクラス単位で図書館へ行き、学習場所として利用しているようです。

『ハルおばあさんのオルガン』にでてくる図書館は、小さな村の音楽図書館です。カウンターのかわりに、入り口に古い足ぶみ式のオルガンが置いてあります。館長はハルおばあさん。歌の本がたくさん置いてあり、ハルおばあさんは、オルガンを演奏し、歌をうたってくれます。幸福な人には、楽しい曲。不

『ハルおばあさんのオルガン』
なるみやますみ〔文〕 高畠純〔絵〕
1997年 ひくまの出版

『本、だーいすき！』
ジュディ・シエラ〔文〕
マーク・ブラウン〔絵〕 山本敏子〔訳〕
2013年 新日本出版社

幸な人には、元気の出る曲。

この図書館にきたお客さんは、とてもあたたかい気持ちになり、ほかほかとした心で帰ります。そう、どろぼうまで改心させてしまいました。

そういえば、北欧の図書館を見学したことがありますが、そこにはピアノが置いてあって、いつでも演奏や作曲、録音もできる音楽室がありました。

図書館で、音楽も楽しめるなんていいですね。


『本、だーいすき！』では、図書館司書モリーの運転する移動図書館車が、うっかり動物園に入ってしまうところからお話ははじまります。

動物園の庭は、いきなり図書館になってしまいました。コンピュータの電源を入れ、貸し出しＯＫ状態で本を楽しそうに読みはじめたモリーさん。動物園の動物たちは、「本」というものに興味を持ちはじめ、おそるおそる図書館車に近づきます。

そしてついに、動物たちの生活が自分にふさわしい本をめぐって大変革。ヤモリは壁にくっつけて読む本、カワウソはぬれてもいい本など、動物の生態によって、さまざまな類の本を思い思いに読みはじめます。本を読んだ後、さらに発展して……？

『ぼくの図書館カード』
ウイリアム・ミラー〔文〕
グレゴリー・クリスティ〔絵〕
斉藤規〔訳〕
2010年　新日本出版社

そう、読むことは、さらなる成長を約束してくれるのです。

国民読書年の二〇一〇年には、図書館や本にかかわる絵本がたくさん出版されましたが、『ぼくの図書館カード』もそのうちの一冊です。

モデルは『アメリカの息子』『ブラック・ボーイ』などの著書のある作家リチャード・ライト（一九〇八年生まれ）で、自伝『ブラック・ボーイ』の一場面をもとにした絵本です。

主人公の「ぼく」は貧しく、移動生活をするなかで、なんとか中学校までの教育を終え、メガネ商のもとで働きます。当時の黒人が「自由への切符を得る」ためには、まずは仕事につくこと。白人にさからわないこと。だからこそ、なんとかして図書館に行きたい「ぼく」は、同僚の身代わりという手を思いつきます。当時の図書館は、黒人は利用できなかったのです。この話には、そんな社会背景があります。

きわどい場面を切り抜けて、ようやく入ることができた図書館。そこにはたくさんの本があり、信じられない光景がありました。そして、夢中で本を読んだ「ぼく」は、もう前の自分には戻れません。恐れていた白人への理解が増していくのです。

『わたしのとくべつな場所』
パトリシア・マキサック〔文〕
ジェリー・ピンクニー〔絵〕
藤原宏之〔訳〕
2010年　新日本出版社

まえがきにある作者のことばを紹介します。

「息子へ、本は約束の土地へと導く」


『わたしのとくべつな場所』も、黒人の女の子パトリシアが主人公です。バスの中でも、街中でも、公園でも、黒人が差別されていた時代のこと。初めてバスに乗ったときに、おばあちゃんが説明してくれました。

「あの表示は、わたしたちがどの座席にすわるかを命令することはできても、何を考えるかを命令することはできないんだよ」

パトリシアは、わざと目をそらして窓の外を見ていました。「〝あの場所〟のことを考えることにするわ」

その場所こそ、図書館でした。十二歳になり、初めて一人で外へ出かけたパトリシアは、あちらこちらで黒人が故の差別や危険にあいながらも、ついに「私の特別な場所」の前に立ちました。その場面がこう書かれています。

「パトリシアは、ひときわ高くそびえる建物を見上げました。ここは、みんなの〝希望〟のつまった場所でした。おばあちゃんはここを、『自由への入り口』と呼んでいました。この建物を見ていると、おこったり、きずついたり、はずかしいと思う気持ちが消えていきました。わくわくしながら、パトリシアは階段をかけのぼろうとして、立ち止まりました。正面入り口にある大理石にきざまれたことばが目にとまったからです。〝公共図書館：だれでも自由に入ることができます〟」

一九五〇年代後半、黒人があらゆるところで差別されていた時代に、公共図書館だけは人種に関係なく、だれでも入れることを条例で決めた自治体が多くあったそうです。

だれにも公正で公平な図書館は、「民主主義の砦《とりで》」といわれています。

時空を越えて未知の人に出会う

草谷桂子

その記事は３年前の週刊読売にあるらしい。行きつけの図書館にはなくても相互貸借でどこかの図書館から借りてもらえば、いつかは読めるだろう。さっそくカウンターで申し出ると「しばらくお待ちください。閉架書庫からもってきます」と司書が笑顔で応対してくれた。５分もしない内に、私は念願の雑誌の記事に対面できたのである。

この明快で速やかな対応は、頭の中に蔵書の位置や本の種類がインプットされている司書だからこそ、と感嘆した。

その記事に出会えたことは、図書館を愛する、見も知らぬアメリカ人に出会えたことでもあった。なぜなら、「図書館はどのようにあなたの人生を変えたか」というアンケートに答えた市民の生の声が満載されていたからである。

「私にとって図書館は“世界に開かれた耳”だ。耳が聞こえない私は視覚的情報に頼るしかなく、図書館は教養と娯楽の源泉となっている」

「私が好きなのは図書館と自転車だ。どちらも環境を汚さずに人を前進させてくれる」

「図書館に行けば、僕は何にでもなれ、どこにでも行ける」

「私にとって避難所であり、答えが見つかる場所です」

「ダウン症の息子の読んだり話したりする能力を引き出してくれた図書館に感謝しています」

「図書館は、ただ本が置いてあるところではない。人生そのものだ」

などなど。遠い国の人たちの個性あふれる文章の一つひとつに、私は深く共感していた。

この調査は、図書館の予算が削られそうなとき、アメリカ図書館協会が立ち上がり、その施策に異を唱えたキャンペーンの一つだ。静岡市にも同じような問題が起こった時、重い腰をあげ、立ち上がる決心をさせてくれた一つが、この未知の人たちの声だった。

5. 歴史を蓄積し、未来につなげる図書館

図書館には現在の情報もありますが、過去の歴史も蓄積されています。どんな事実も公正に収集し、蓄積してくれるところが図書館です。後世の人は、図書館に行けば過去の歴史がわかります。歴史を知り、学ぶことで、よりよい未来につなげることができるのだと思います。図書館は知の宝庫です。

『翼の時間《とき》』
東逸子〔作・絵〕
（ミキハウスの絵本）
1995 年　三起商行

『翼の時間《とき》』は、美しい画集のような、どちらかというとおとな向きの、字のない絵本です。父親に連れられていった荘厳な図書館で、父親を待つ少女が、書棚の古い書物から抜け出てきた天使たちに誘われ、自在に空想の世界をかけめぐります。

本の中には、異次元の世界に連れていってくれる鍵がぎっしり詰まっています。とりわけ古い書物には、未来へはばたくヒントがたくさん詰まっているのでしょう。図書館に行くことは、自由にはばたける翼を持ち、過去から未来にいざなってもらえることです。青を基調とする透明感のある絵から、静かなたたずまいの図書館にいるような心地よさが漂ってきます。

最後の場面で、図書館で翼を手に入れた少女が、背筋を伸ばして後ろを振り

返っています。少女は何を見ていたのでしょう。

戦争がはじまると、過去の歴史や文化の蓄積場所である図書館が狙われるといわれますが、イラクのバスラの図書館も例外ではありませんでした。**『バスラの図書館員―イラクで本当にあった話』**の司書のマリアさんは、戦争の火が本を滅ぼしてしまうことをおそれました。本は、マリアさんにとって黄金の山よりもずっと価値あるものです。

マリアさんは、近所の人に協力してもらい、図書館の蔵書の七〇％にあたる本を、近くのレストランへ必死で運び出して、本を守ります。七百年も前の本であるムハンマドの伝記も救いだしました。図書館が焼失したのは、その九日後でした。実際にあった話です。

マリアさんが本に囲まれ、本を守っている姿が表紙に描かれています。そのまっすぐな眼差しは、図書館と本を守りぬく司書魂を表しているかのようです。帯にこう書かれています。

「本を愛する人は未来への望みを捨てません」

『バスラの図書館員
イラクで本当にあった話』
ジャネット・ウインター〔作・絵〕
長田弘〔訳〕 2006年 晶文社

『3万冊の本を救ったアリーヤさんの大作戦』は、前出の『バスラの図書館員』

『3万冊の本を救った
アリーヤさんの大作戦』
マーク・アラン・スタマティー〔作・絵〕
徳永里砂〔訳〕 2012年 国書刊行会

と主人公の名前は違いますが、全く同じテーマで、コミック風にさらに詳しく描いた小学校高学年向きの絵本です。

アリーヤさんは、図書館と本をこよなく愛するイラクのバスラ中央図書館の司書でした。戦争がはじまりそうになると、アリーヤさんは、

「わたしたちの民族、先祖、土地のかけがえのない記録の集大成が、この世界から消えてしまうんですよ」

と役人に訴えますが、聞き入れてもらえません。それどころか図書館はフセインの戦略に利用され、政府軍が入り込んで戦争の基地のひとつになってしまいます。危険を顧みず、図書館の本を守った司書と町の人の姿が、事実に基づいてていねいに描かれています。

『本と図書館の歴史』は、副題に「ラクダの移動図書館から電子書籍まで」とあります。

まず、表紙の絵に注目です。表表紙では本を運ぶ砂の上のラクダが描かれているかと思いきや、裏表紙も開いて眺めると、実はラクダは本の上という趣向です。

司書である著者は、「はじめに」でこういっています。

『本と図書館の歴史』

モーリー・サワ〔文〕
ビル・スレイヴィン〔絵〕
宮木陽子／小谷正子〔訳〕
2010年　西村書店

「人々は、五千年以上も前から生活やアイデアや思想について書き留め記録してきました。（略）

高度の科学技術をもちいた近代的な図書館は、古代の粘土や石の書字版を集めただけの図書館と一見してちがうように見えるかもしれないが、目的は同じです。（略）

人々が未来に向かって進むとき、これまで歩んできた道について情報を提供すること、それが図書館の目的です。（略）

図書館は今日生きている人を、過去や未来の人々とつないでくれます。思想やアイデアが生まれ、育まれ、自由にはばたくところなのです」と。

エジプトのアレクサンドリア図書館について、またメソポタミアや中国などの古代の図書館はどんな運命をたどったのか。写字や写本は、先人のどんな苦労の上にかたちとなったのか。移動図書館の発祥はどこで、どんな理由ではじまったのか。印刷機の発明での革命は近代にどんな影響を及ぼしたか。そして、現代の電子図書館事情まで広範に紹介されています。

この本で、図書館の歴史への旅をさせてもらいました。そして、知と文化の集積場所としての図書館であるが故に、時に戦争にまきこまれ、簡単に壊されてきた歴史の事実もあるということも。図書館を守ることの大事さを痛感した本でした。

『トリケラとしょかん』では、ピクニック中に雨にふられてしまった少女が、びしょ濡れになって大きな建物に雨宿りします。そこは、なんと、恐竜のトリケラトプスの図書館でした。

読む人も、職員も、トリケラトプス。図鑑で読んだことがある大昔の化石のアンモナイトやシーラカンス、オパビニアもいます。

聞いたことのないことばで話し、見たことのない字で本が書かれています。雨がやむまでのひととき、雨宿りの場所が図書館で、過去を旅していたなんていいですね。

『トリケラとしょかん』
五十嵐美和子〔作・絵〕
2013年　白泉社

百年前の新聞記事が生かせる舞台

長谷川紘司

静岡市には「レメニス」というインターネット上のメールマガジンがある。月２回の発信で、ひとつは市からの広報的な内容、もうひとつは市民特派員による静岡市関連の話題提供となっている。対象は現在の静岡市民と、今でこそ遠隔地にいる、かつての静岡市民だ。

私は数年前からこの市民特派員となった。以来、月々のテーマを探しては投稿していたが、ある時、百年前の新聞に触れる機会があった。中には未来を予見する記事が載っていたので大変興味を覚えた。それが縁で私は百年前の出来事と現在の出来事の比較記事を書くようになった。政治や経済、社会などの諸情報が今も昔も似ている部分があったからだ。

例をあげよう。百年前は日露戦争が一段落した頃であり、わが国の新聞は戦勝国として派手な報道をくり返していた。戦死した日本兵の母親の嘆きは、紙面の片隅に追いやられていた。これを読んだ時は自衛隊のイラク派遣が紛糾し、隊員はともかく家族の不安が伝えられていた頃だ。

そんな経験から、私は毎月末になると、次のネタを求めて静岡県立中央図書館へ出かけるようになった。マイクロリーダーで百年前の新聞記事を１か月分ずつ読破していくためである。

「最近の出来事と百年前の出来事の共通点はないのか」…そんな判断でテーマを選択していった。時には手ごろな題材があっても実名や実住所を取り上げるわけにもいかず、割愛せざるを得ないものもあった。お茶やミカンの育成などに関しては、当時としては先進的な秘話があったりして驚嘆もした。

私は図書館へ出かけるたびに、資料の豊富さ、利便性に感激することになった。と同時に、図書館のパワーと、インターネットのパワー、そして自分のパワーが生かせることを知った。図書館とは、そういう夢を引き出して、現実化させる舞台なのだ。

【註】「レメニス」というインターネット上のメールマガジンは、1997年４月からはじまり、2009年３月の156号で終刊となっています。

『王国のない王女のおはなし』
アーシュラ・ジョーンズ〔文〕サラ・ギブ〔絵〕
石井睦美〔訳〕
2011年　ＢＬ出版

6. 司書の魅力

いくらいい資料があっても、必要な人がそこに行き着かないと、情報はただの紙切れです。そこで司書の力が発揮されます。

司書は情報の蓄積、提供のプロであり、水先案内人でもあります。機械にはできない温もりのある柔軟な対応、新鮮で的確な資料の提供は、専門知識を学び、経験を積んだプロだからこそできるのだと思います。

『王国のない王女のおはなし』の主人公の王女は、自分の国がありません。持っているのは仔馬と荷馬車だけで、荷物を運ぶ仕事をしながら自分の王国を探して放浪しています。

ある日、王女は新聞を読みに図書館に寄りました。そこで、王子が国王になる戴冠《たいかん》式があることを知ります。貧しくても礼儀正しい王女は、あいさつを兼ねてお城に行きますが……。

さて、ここからが興味深いところです。住所不定にもかかわらず、王女の元に図書館から忘れ物の傘が届いたのです。「プリンセスへ　ここかしこ　いたるところ番地」という宛名になっていました。

『ごめんなさいフォリオさん』

ジョー・ファルタード〔文〕
フレデリク・ジョー〔絵〕鳥越信〔訳〕
1989年　ＢＬ出版

傘がこうして届いたことは、「図書館は、人々の知りたい情報を草の根分けても探しだし、届けるところ」という考え方を象徴しているように思いました。司書は、お話には直接出てきませんが、きっとプロ意識に徹した人なのでしょう。

私の尊敬する学校司書は、残念なことに五年の雇い止めで職を離れてしまいましたが、この本の舞台である図書館先進国のイギリスでは、きっと専門職が大切にされているに違いありません。

『ごめんなさいフォリオさん』では、子ども図書館に勤めるフォリオさんと「ぼく」との一年間の関係がユーモラスに描かれています。

「ぼく」は、借りたお気に入りの絵本を返したくないので、とんでもないうそのいいわけを延々と続けます。子どもにとって、大好きな一冊があることが、どんなにしあわせなことか――。図書館員のフォリオさんは、そのことをよく知っています。

「どろぼうに盗まれた」「動物園でダチョウが本を飲み込んだ」「工事中の穴に落とした」「お兄ちゃんがロケットにくくりつけて空に打ち上げた」と、よくぞ次々と出てくるいいわけ。それを聞くフォリオさんの表情が笑ったり、困り果てたり七変化で愉快です。

バカンスに行く前のフォリオさんは、気もそぞろで、いいわけなんて聞いていません。バカンスから真っ黒に日焼けして帰ってきたフォリオさんは、ストレス解消したらしく、笑顔になっています。そんな絵の細部も楽しめます。

『ぼくのアフリカ』

イングリッド・メンネン／ニキ・ダリー〔文〕
ニコラース・マリッツ〔絵〕
渡辺茂男〔訳〕
1993年　冨山房

お気に入りの絵本に固執している少年を力強い絵で描くもう一冊が、**『ぼくのアフリカ』**です。アフリカの大都市に住んでいる少年が主人公。「ぼく」は、まだ見たことのないアフリカの大草原を夢みながら生活しています。

野生の動物のことが知りたくなると、図書館で本を借りてきます。どこへ行くときも、いつも大好きな本を離しません。照りつける太陽の下、にぎわう町で楽しんだあと、少年が借りた本を返しにきたときのようすが、こう描写されています。

「としょかんは、しずかで　すずしくて、すきな　ほんを　いくらでも　えらべる　ほんの　ジャングルです。ぼくは、ほんだなの　あいだを　ゆっくりあるき、いちばん　よみたい　ほんを　さがします。やせいの　どうぶつたちの　すむ、しぜんのままの　アフリカのことが　かいてある　ほんです。

としょかんいんの　マッケージさんが　にっこり　わらいます。

『ウィリーはとくべつ』
ノーマン・ロックウエル〔作・絵〕
谷川俊太郎〔訳〕
1995年　紀伊國屋書店
品切重版未定

ぼくが　なにを　いいだすのか　わかって　いるのです。
『このほん、もういちど　かりて　いいですか?』
そういいながら　ぼくは、おきにいりの　ほんを　さしだします。
かえしにきた　ほんを　また　かりるのです。」
「ぼく」の大好きな絵本と、「ぼく」の行動を熟知し、「ぼく」にあたたかいまなざしを注ぐ司書のマッケージさんがすてきです。

『ウィリーはとくべつ』のつぐみのウィリーは、ほかのだれともちがう自分を見つけるために家を出ます。ウィリーの音楽家としての才能を見出すのが、町の図書館に勤める司書の女性ポリーです。
　フルートを吹くポリーは、ウィリーと仲よしになりデュエットを楽しみます。美しい声で歌い、作曲までする珍鳥のウィリーは、ワシントンの鳥類園に入れられそうになりますが、自然の中で生きることがベストだといって、森に返すようにはたらきかけるのが、司書のポリーです。さて、ウィリーはどうなるでしょう。

　前出の『ウィリーはとくべつ』のポリーは「背筋をきちんと伸ばして生きて

『ルピナスさん』
バーバラ・クーニー〔作・絵〕
掛川恭子〔訳〕
1987年　ほるぷ出版

いる人」というイメージがありますが、同じように年老いてから若い頃の夢を実現した女性『ルピナスさん』も、司書でした。

勤め先の図書館には、遠い国々について書かれた本がたくさんありました。あちこちの国を冒険してまわった「ルピナスさん」は、腰を痛め、年とってから海の見える丘の上に住みます。そして、子どもの頃におじいさんとした約束「遠い国に行くこと」「海の近くに住むこと」は果たしたものの、まだ「世の中を美しくするために何かすること」が実現していなかったことに気づきます。

そこで、島中にルピナスの種をまき、花いっぱいの美しい場所にしました。「ルピナスさん」と呼ばれるようになった所以《ゆえん》です。「世の中を美しくする」ことは、司書の仕事にもいえるような気がします。

バーバラ・クーニーが描く女性は、一人で判断し、行動する自立した女性が多く、私の大好きな作家です。私には、「ルピナスさん」や『ウィリーはとくべつ』の主人公ポリーが、フィンランドのラハティ市立図書館を訪ねたときお会いした女性館長バネンさんと重なります。

穏やかななかにもまっすぐなまなざしで、

「私は市民を教育しようとは思わない。市民の感覚を信じているからです。お客様がなにを望んでいるかを知り、手助けするだけです。いつも自分をニュー

『大草原のとしょかんバス』
岸田純一〔文〕梅田俊作〔絵〕
1996年　岩崎書店

トラルの状態においています」

と、毅然として言った姿が印象的でした。

「図書館のない地域に、リヤカーに本を積んで運んだことがあった」という岡山の図書館員の話を伺って感動したことがありますが、**『大草原のとしょかんバス』**と**『みさきめぐりのとしょかんバス』**は、北海道を舞台にした移動図書館の話です。どんなに交通の便が悪いところにも、くまなくサービスするために、移動図書館は欠かせない存在です。

『大草原のとしょかんバス』は、北海道の雄大な自然の中、図書館バスで来た司書が牛に本を読んで聞かせたり、保育園で子どもたちに子守唄をうたったり、老人の話相手になったりします。そんな図書館バスの一日のできごとを、いっしょにバスに乗った男の子（実はキタキツネの子）の目線で描いています。

この絵本に登場する男性の司書は、子どもをバスに引っぱりこんで仕事を手伝わせたり、仕事先でお祭りの踊りの輪に入ったりと、おおらかな仕事ぶりです。「本を読むことは、最高にいいこと」とは思っていないところが魅力です。「本読んだくらいで　コロコロ生き方が　かわったら、いそがしくてたまったもんじゃないさ」なんて、平気でいうのですから。男の子に「おっちゃんみたいに

『みさきめぐりのとしょかんバス』
松永伊知子〔文〕梅田俊作〔絵〕
1996年　岩崎書店

なると　こまるから、本なんか　ぜったいに　よまないぞー」といわれても「ははは」と笑い飛ばせる大物司書です。

ひと昔前には、図書館員といえば、どちらかといえば、「謹厳実直で、本好きではあるが、人づきあいは苦手」というイメージがあったように思います。この男性のようなスケールの大きい司書を描くことも、図書館の魅力のひとつになっています。

同じシリーズの**『みさきめぐりのとしょかんバス』**も、人々の日常生活に密着し、住民とふれあいながら仕事をしているベテランと新人の二人の司書が登場しています。

「わたしね、としょかんの司書って、たくさんの人に　本の楽しさを　つたえられる、すてきなしごとだと　おもってたの。でも、本だけじゃないわね。いろんな人と　であって、まなぶことが　いっぱいあるし、ますます、すてき！」

これは、新米司書みっちゃんのことばです。

資料にくわしいことがまずは司書の第一条件ですが、人間が好きということも、大切な条件だと思います。その条件にぴったりかなった司書が、**『ふしぎなおたまじゃくし』**に登場するシーバースさん。

『ふしぎなおたまじゃくし』
スティーブン・ケロッグ〔作・絵〕鈴木昌子〔訳〕
2001 年―ほるぷ出版復刻版―
錨といるか社　品切

主人公のルイス少年が、誕生日のお祝いにおじさんからおたまじゃくしをもらうところからお話ははじまります。アルフォンスと名づけたこのおたまじゃくしは、プールにもおさまらなくなるほど成長を続ける、不思議な生き物でした。そこで、途方にくれていたルイスを助けてくれるのが、仲よしの司書のシーバースさん。

「司書と親しい」という設定が、まずはすばらしい！　シーバースさんは、昔の新聞記事から、そのおたまじゃくしがネス湖の恐竜だということをつきとめ、自分たちの町の港の海底に、海賊船が沈んだときの宝物が眠っていることを文献から調べます。アルフォンスの活躍で、海底から宝物をひきあげ、それを売ったお金で土地を買います。そこにアルフォンスだけでなく、大勢の子どもたちも入ることのできる大きなプールをつくります。

司書の条件「資料に詳しく、人間が好き」に、シーバースさんのような「好奇心が旺盛で行動力がある」がつけ加わると最強でしょう。

『おんちゃんは車イス司書』の原案を考えた河原さんは、あとがきでこういっています。

「司書になって二十五年が経とうとしています。車イスで仕事を続けてこら

『おんちゃんは車イス司書』
河原正美〔原案〕梅田俊作〔作・絵〕
2006年　岩崎書店

れたのは、上司や同僚のおかげですが、心の支えになってくれたのは、図書館に来る子どもたちです。はじめは差別と偏見に満ちた目でわたしを見ていた子どもたちも、しだいに氷が溶けるようにわたしのふところに飛びこんできてくれます。この絵本のなかのマサフミのように……。そのよろこびは、わたしにしか経験できない宝物です」

車イスの司書のカワハラさんが、おおらかな自然体で子どもたちと接し、ふれ合っているようすが絵本からも微笑ましく伝わってきます。夏休みの「星を見る会」では、みんなで寝転んで夜空を眺めてから、カワハラさんが本を読んでくれました。そのあと、子どもたちがカワハラさんのトイレの介助をする場面もユーモラスに語られています。職員と図書館利用者というより、人としての親密さで交流をしている、居心地のいい地域の図書館のようすがわかります。

『ママのとしょかん』の主人公は、黒人の女の子。ママといっしょに、初めてママの働く場所を訪れます。大きな建物のダウンタウン公共図書館です。レファレンスもお話会も心をこめて対応する司書たちやそこで働いているママを見た女の子は、図書館の仕事を手伝うことで、図書館の魅力、司書の魅力に気づき、ママを誇りに思います。

『ママのとしょかん』
キャリ・ベスト〔文〕ニッキ・ディリー〔絵〕
藤原宏之〔訳〕
2011年　新日本出版社

通りの階段に集合し、おかずを取り換えっこしながらランチをする同僚とママとのフランクな付き合い方がすてきだし、同僚が主人公をみんなでかわいがってくれる場面もぬくもりがあり、庶民的な図書館の雰囲気が伝わってきます。

背景にさり気なく出てくるポスターに、
「BOOK　POWER」
「BOOKS　ARE　GREAT」
などとあるのもいいです。

最後に画家の献辞として、「南アフリカ共和国ケープ州で、子どもたちのために愛情をもって献身的に働くすべての図書館員の人に」とあり、図書館に寄せる信頼感を感じました。

日本よりも百年も進んでいるといわれるアメリカの図書館サービスですが、昔は図書館に子どもは入れなかったそうです。

『図書館に児童室ができた日―アン・キャロル・ムーアのものがたり』の主人公、アンのモデルとなったアン・キャロル・ムーアが生まれた一八七〇年代は、「女の子は家の中で縫い物や刺繍《ししゅう》をするもの」で「女の子は本なんて読ま

『図書館に児童室ができた日
アン・キャロル・ムーアのものがたり』
ジャン・ピンボロー〔文〕デビー・アトウェル〔絵〕
張替惠子〔訳〕
2013年　徳間書店

なくてもいい」と思われていました。そういう時代に、アンは弁護士の父親から本を読んでもらえる家庭に育ちます。

向学心にあふれたアンは、同じ年頃の女性が結婚をする頃、父親の弁護士の職業に惹かれ、それを目指す勉強をします。しかし、アンの両親と兄の妻が相次いでインフルエンザで亡くなり、アンは、幼い姪の面倒を見ることになって夢をあきらめます。

兄の再婚で自由になったアンは、図書館司書になるための学校に入ります。ニューヨークの公共図書館が開館されるときに、初めての児童室をまかされたアンは、さまざまな工夫を凝らした居心地のいい児童図書室をつくりました。読書会やコンサート、おはなし会、作家を招く会を企画したり、他国から来た英語の話せない子のために、木の人形でおしゃべりする時間をもうけて、子どもたちの気持ちをほぐしたり、きめこまやかなサービスを展開します。

今、享受している図書館サービスを、私たちはあたりまえに思ってしまいがちですが、ここに至るまでには、先人の苦労や高い志があったことが伝わってきます。

世界で一番大事なもの

鈴木史穂

「世界で一番大事なものって何だい？」

図書館のカウンターで受けた質問である。彼はもう50年以上も図書館に通い続けている常連の利用者だ。長年、調査相談といわれるレファレンス・サービスを利用している。その興味の対象は、天文学、歴史、哲学、統計学、民俗学、医学、語学、心理学、社会学と多岐にわたっており、かなりの読書家だ。

ときに彼は、マルサスやフロイトについて、独自の見解をとうとうと語る。彼はまた、司書たちの得意分野についても、よく知っている。分野によって、司書を選んで質問するのである。長年質問しているうちに、それぞれの司書の専門分野までわかるようになったのかと、恐れ入る。図書館利用の達人なのだ。

「世界で一番大事なものって何だい？」

このごろは、車椅子で図書館を訪れるようになった彼からの問いである。私はしばし考え、「それは、本ではわからないかもしれませんね」と、しかつめらしく答えた。すると彼は、くつくつ笑いはじめ、とうとう大笑いになった。私も一緒に笑った。

本を読めば読むほど、わからなくなることがある。たとえば、「世界で一番大事なもの」がそうだ。「夢」「家族」「自然」「国家」など、本にはさまざまな価値観や意見が記されている。それを読み、考えることができるのが「図書館」ではあるのだが。

70歳をこえ、50年以上にも及ぶ読書体験をもつ彼が、どういう意図で親子ほども年の違う私にこの問いを投げかけたのかはわからないが、私の答えは彼の納得のいくものだったようである。

図書館が生涯学習施設といわれるたびに、私は彼のことを思う。

彼は今日も図書館へ訪れ、飽くなき探求を続けている。

（公立図書館司書）

『パパはジョニーっていうんだ』
ボー・R・ホルムベルイ〔文〕
エヴァ・エリクソン〔絵〕
ひしきあきらこ〔訳〕
2004年　ＢＬ出版

7. 生活のなかにある図書館

いい図書館があっても、遠くにあっては行くのが大変です。立派な大きい図書館が地域に一つあるのではなく、身近な生活圏の中にあれば、利用しやすく、普段着で気軽に行けます。子どもたちが一日の大半を過ごす学校にも、図書館があることで、授業でもすぐに使えます。身近にどんな図書館があるかが、人の一生に大きなちがいを生むと思います。

『パパはジョニーっていうんだ』では、さりげなく図書館が登場します。

両親が離婚したのでママと引っ越したティムのところに、パパが会いにきてくれることになりました。久しぶりにパパと会えたティム少年の、心躍る一日が描かれた絵本です。ティムは、レストランの店員やホットドッグ屋のおばさん、映画館の切符もぎの人など、出会うすべての人に、「この人がぼくのパパ。ジョニーっていうんだ」と自慢します。

その一日の行動パターンの中に、しっかり図書館が組みこまれていました。パパにもたれて図書館で本を読むティムの表情も穏やかで、日常的に図書館を利用していることがわかります。

『ぶたばあちゃん』

マーガレット・ワイルド〔文〕
ロン・ブルックス〔絵〕今村葦子〔訳〕
1995年　あすなろ書房

『きょうりゅうくんは
するよ・しないよ』

シドニー・ホッフ〔作・絵〕
こだまともこ〔訳〕
1975年　文化出版局　品切重版未定

『ぶたばあちゃん』は、おばあちゃんと仲よく助けあってくらしあっているブタの女の子の話です。物語の最後で、死期が近づいたことを悟ったおばあちゃんが、身辺整理をする場面があります。

銀行口座を閉じたり、支払いをすべて済ませたりするだけでなく、「図書館に行って、借りた本を返して、次の本は借りませんでした」と。

図書館が生活に根付いているオーストラリアならではの、さりげない一行です。

『きょうりゅうくんは　するよ・しないよ』は、恐竜の愛らしい子どもを主人公に、「やってはいけないこと」「やるほうがいいこと」をユーモラスに描いてあるしつけ絵本です。「ドアをあけっぱなしにしない」「『ごめんなさい』って、すぐにいえる」「あわてて　ガツガツ　たべたりしない」などの並びに「きょうりゅうくんは　としょかんで　かりた　ほんを　たいせつにする」という一文があります。

これなども、一日の生活パターンのなかに、「図書館に行く」があたりまえのように組みこまれていることが想像できます。

『おばけとしょかん』

デイヴィッド・メリング〔作・絵〕
山口文生〔訳〕
2005年　評論社

本の大好きな女の子ボーが、ある夜、本を読んでいると、急にあかりが消え、冷たい手に引っ張られてどこかに連れさられてしまいます。そこは**『おばけとしょかん』**でした。でも、書棚には本がありません。どうやらボーの持っている本がねらわれているようです。

おばけにせがまれてボーが本を読んであげようとしたら、書棚からいろんなおばけがよろこんで飛びだしてきました。本のおもしろさに刺激を受けて、おばけたちも本をつくります。空っぽだったおばけ図書館は、今や自分たちのつくった本でいっぱいです。本を読んでくれるのは、もちろんボー。おばけたちの感謝のしるしが一枚のカードでした。その銀色の文字には、こう書いてあります。「おばけ図書館友の会・会員証」

友の会は図書館のサポーターの組織です。私も静岡図書館友の会会員ですが、全国にこういう組織があります。全国の図書館づくりサポートの仕事を長く精力的にされた亡き菅原峻《すがわらたかし》氏は、『図書館友の会養生訓』の中で、「住民にとって、かけがえのない財産、それが図書館です。人生に友だちが必要なように、図書館にも友だちが必要です。友の会の目的は、自分たちの図書館に関心のある人々の連帯を図ること。コミュニティ・ライフに参加すること」と、定義づけています。

『スミス先生と
おばけ図書館』
イケル・ガーランド〔作・絵〕
山本敏子〔訳〕
2011 年　新日本出版社

『1年生になりました！』

ジャネット・アルバーグ〔文〕
アラン・アルバーグ〔絵〕
佐野洋子〔訳〕
1990 年　文化出版局　品切重版未定

『スミス先生とおばけ図書館』では、逆立っている赤い髪に赤ブチのメガネで、見るからに変わり者のスミス先生が、いつも生徒たちに本を読んでくれます。この本はシリーズになっていて、**『スミス先生と海のぼうけん』（斉藤規／訳）**、**『スミス先生ときょうりゅうの国』（斉藤規／訳）『スミス先生とふしぎな本』（藤原宏之／訳）**のいずれも、スミス先生が本を読んだ途端、とんでもない世界にワープします。コンピュータを駆使した絵も大胆で、迫力ある場面では、見ている子どもたちが本から出たり入ったりして、本の登場人物たちと思いきり冒険し、異空間を楽しく体験しています。みんなで絵本の主人公を探しながら読めば楽しいでしょう。

子どもたちにとって一日の大半を過ごす学校にこそ、図書館は必要です。**『1年生になりました！』**は、九月に一年生になったばかりの八人の子どもたちの躍動感あふれる学校でのようすが、順をおって描かれています。ままごとコーナーなどといっしょに、図書コーナーが登場し、じゅうたんの上にクッションが置いてあったりして居心地よさそうです。表紙も先生に絵本を読んでもらっている場面ですが、お話を聞いたり、家から持ってきた本を得意そうに先生に見せたりと、随所に本と親しんでいる子どもたちがいます。

『デイビッドがっこうへいく』

デイビッド・シャノン〔作・絵〕
小川仁央〔訳〕
2001年　評論社

『ぼくのトイレ』

鈴木のりたけ〔作・絵〕
2011年　ＰＨＰ研究所

『デイビッドがっこうへいく』は、いたずら好きでやんちゃなデイビッド少年の思いきりゆかいな学校生活が紹介されているシリーズの一つです。この本にも、図書館で本を読む時間がさりげなくあります。もっとも、デイビッドときたら、鉛筆で本をたたいて大さわぎしていますけどね！

子どもはトイレやうんこの絵本が大好きです。**『ぼくのトイレ』**も人気本の一つです。

窓から月と星が見えるトイレで、ふんばっている男の子がいます。「たまにはちがうトイレでしてみたい！」という男の子の空想はいくらでもふくらみ、シュールなトイレが、これでもか、これでもかと展開します。その発想の、自由で柔らかくて楽しいこと！　こおりトイレ、トランポリントイレ、じょうもんしきトイレ、ロケットトイレ、ほしトイレ……エトセトラ。想像できますか？　そのあとは、友だちそれぞれに似合うトイレを考えます。つりの上手なダイくんにいけすトイレ、野球好きなコウジくんにキャッチャートイレ、「ぼく」のとっておきは……トイレットコースター。男の子はさらにパワーアップしていきます。盗まれたコースターを追って、トイレ冒険の旅がはじまります。やがて……白々と夜が明けて……。

『図書館ラクダがやってくる』
マーグリート・ルアーズ〔著〕斉藤規〔訳〕
2010年　さ・え・ら書房

最後の場面では、トイレの前でパパとお兄ちゃんが……。笑える結末です。本が大好きなユキちゃんのために、「図書館トイレ」を考えついた主人公の「ぼく」に拍手！です。

写真絵本『図書館ラクダがやってくる』では、サブタイトルの「子どもたちに本を届ける世界の活動」のとおり、十三の国の「移動図書館」のようすが、写真でくわしく紹介されています。

教育者でもある著者は、世界中の図書館員に手紙を書き、まずは情報収集をはじめました。そしてインドネシアでは木製の船で、ケニアではラクダで、モンゴルでは馬車やラクダやバイクで、本を運ぶことがわかりました。驚いたのは、図書館先進国といわれるイングランドの例です。ちゃんとした移動図書館車もありますが、手押し車に本を乗せ、海岸で休暇を楽しむ人にまで届けるのです。「図書館は建物ではなく、サービスなのです。空気や水と同じくらい大切なものです」という司書のことばにうなずけます。

母国語をもたない子ども、僻地《へきち》に住む子ども、さまざまな困難をものともせず、プロ意識に徹する図書館職員の姿と、本をよろこぶ子どもやおとなの写真が満載です。

『ステラのえほんさがし』
リサ・キャンベル・エルンスト〔作・絵〕
藤原宏之〔訳〕
2006年　童心社

『ステラのえほんさがし』の扉には、ハンモックの上、お風呂の中、食堂、原っぱなどいろんなところで本を夢中になって読んでいる女の子が描かれています。この子が、主人公ステラです。ステラは、図書館で借りたこの本をどこかになくしてしまいました。五時までに返さないと大好きな図書館の先生はがっかりするでしょう。

たしか、ハンモックの上で読んだのが最後です。ステラは、本探しにでかけます。本は次から次に別の人の手に渡り、どの人もこの本を読んで「おもしろかった！」と言います。おもしろかった箇所がみんなちがうところも個性があっておもしろいです。なくなった本が心配で、みんなあとをついてくるので、長い行列ができました。

さて、本は見つかったでしょうか？

裏の見返しに、おのおの好きな本を抱えて、満足げに図書館から帰る行列の絵があります。どうぞお見逃しなく。

『ぼくは、図書館がすき』は、「図書館」をテーマにして四十年以上写真を撮り続けた、図書館関連雑誌でおなじみの写真家、漆原宏さんによる写真集です。全国各地の図書館を取材し、撮影してきたたくさんの写真から選んだ約八十点

漆原宏写真集
『ぼくは、図書館がすき』
漆原宏〔編著・写真〕
2013年　日本図書館協会

が、カラーで紹介されています。

テーマは、「ぼくは、図書館がすき」「命を知る図書館」「図書館で働く人々」「地域に活きる図書館」「図書館は、暮しの知恵袋」「出会いの場、つどいの場」となっていて、テーマに添った心和む写真が満載です。図書館に集う子どもとおとなの満ち足りた表情もいいですが、図書館のバックヤード（カウンターの裏の事務をする場所）などの写真もあり、図書館の大切な役割が、見えないところにたくさんあることがわかります。

「図書館」「図書館で働く人」「図書館利用者」の被写体に、愛情を注いできた著者の集大成ともいえる写真集です。簡単な説明もあり、写真を見るだけで「司書になりたい」という子どもが現れそうです。

その巨《おお》きな掌《て》の上で遊ぶ…

池上理恵

息子は３歳ころから、家の周りにいるいろんな生きものを持ち帰った。カエル、トカゲ、イモリ、アゲハの幼虫、ザリガニ、セミ、ヘビ、ダンゴムシ、ハサミムシ、蟻、ナメクジ、カタツムリ、カブトムシの幼虫…。「飼いたい」と言う息子に「逃がしてやりなさい」ということばは通用しなかった。結局、私は根負けして、図書館に行っては本を借りてきた。

生きものがどういう環境で生きているのかを知らなければ、飼うことができなかったからだ。仕方なく本に助けを求めたのに、「知る」と愛情が湧いてくる。子どもに本を読んでやりながら、私は「へえー、そうだったのか！」と驚くことばかり。

カエルやトカゲをかわいいと思うようになり、いつのまにか子どもの自然科学の本のおもしろさに目覚めていった。科学の本は、体験とドッキングしたときに突然光を発した。子どもの好奇心の渦に巻き込まれたあの時期は心が震えるほど楽しかった。子どもの科学の本は、何かについて知りたいおとなにとっても最適の入門書になる。学ぶテーマは足元に無数にころがっている。それを見つける目を持ち、探求していく術があれば、いつでも未知の世界に足を踏み入れることができる。

この胸がはずむような気づきから、私は 1989 年に「静岡自然を学ぶ会」をたちあげ、子どもの科学の本を手がかりに、身のまわりの自然や自然科学を楽しむ活動をはじめた。子どもの幼稚園で出会った母親９名ではじめた小さな会は、現在 160 名の会に成長し、全国に会員が広がり、「岐阜物理サークル」「形の科学会」「科学芸術学際研究所（ISTA）」「理化学研究所」と交流を深め、足元にあるおもしろい発見を多くの人たちと共有するようになった。図書館は子どもの好奇心を支え、母である私を育ててくれた。どうしていいか途方にくれたとき、うれしいとき、図書館はその巨きな掌で受けとめて応援してくれた。困ったら図書館が必ず助けてくれるだろう。私はその巨きな掌の上でおばあさんになっても遊ぶつもりでいる。

（「静岡自然を学ぶ会」代表）

『じがかけなかった
ライオンのおうさま』
マルティン・バルトシャイト〔作・絵〕
かのうのりたか〔訳〕
2007年　フレーベル館

8. 絵本で出会ったことばの力・本の力

人は、ことばを持つことで動物とちがう文明社会をつくることができました。ことばは、自分の気持ちを相手に伝えるための大事なツールです。豊饒なことばをもつことが、ゆたかな人間関係を築く基になると思います。

ことばは、使い方一つで人を傷つけたり、人の心をほぐしたりします。絵本の中から含蓄のある「ことば」をさがして楽しんでみましょう。

『じがかけなかったライオンのおうさま』では、字が書けなくても、ライオンの王さまは平気です。なぜなら、ガオーとほえて、するどい歯を見せればだれもがいうことを聞いてくれるからです。ほえるだけで何でも思い通りになりました。

ある日、ライオンの王さまは恋をしました。木の下でメガネをかけて本を読んでいるレディにひとめぼれしたのです。「好きな女性にはラブレターを書くものだ」という、昔食べてしまったえらい坊さんのことばを思いだし、王さまは、森の動物たちに代筆を頼みます。でも、動物たちは自分の習性にあった勝手な文を書くので（このくり返しがユーモラスで楽しいです）王さまは怒《いか》って

『おはなしこねずみロミュアルド』
アンヌ・ジョナス〔文〕フランソワ・クロザ〔絵〕
なかいたまこ〔訳〕
1999年　フレーベル館　品切重版未定

ほえました。自分の気持ちを伝えるのには、自分のことばと自分の字が一番なのです。

さて、王さまの気持ちはレディに伝わったでしょうか？　胸のすく結末が待っています。

『おはなしこねずみロミュアルド』のロミュアルドは、大きな屋敷の図書室のネズミ穴に住んでいるおっちょこちょいのネズミです。屋敷にはネコがいるので、用心のため、部屋から出ないようにといって両親は出かけます。

退屈したロミュアルドは、図書室に侵入し、書棚から落とした本をかじろうとすると、なんと本がしゃべるじゃありませんか。

「かじるのだけはやめておくれ。かわりに物語を聞かせてやるから――。わしは、食うもんじゃない。読むもんじゃ……」

こうして、すっかり物語に魅せられたロミュアルドは、その後、ネコに捕まったピンチも、お話をしてあげることで切り抜けます。物語が進むにつれて、しっぽをおさえているネコの前足から少しずつ力が抜け、そのうちゆったりすわり直し、とうとうロミュアルドの前に寝そべって、足も、フォークのようなつめも、おなかの下にひっこめてしまいました。

お話を聞くことは、心身の鎧兜《よろいかぶと》を脱ぐこと。ネコもネズミも、物語を楽しむという共通体験で、お互いのバリアをはずしていく過程が象徴的に語られます。「物語」は、荒々しい暴力を遠ざけてくれるのです。そういえば、『本の死ぬところ暴力は生まれる』（バリー・サンダース〔著〕、杉本卓〔訳〕）という本もありましたから。

『ぼくが一番望むこと』
マリー・ブラットリー〔文〕
クリス・K・スーンピート〔絵〕
斉藤規〔訳〕
2010年　新日本出版社

『ぼくが一番望むこと』は、アメリカ合衆国の教育家ブッカー・トラバ・ワシントン（一八五六―一九一五）の少年時代を描いた絵本です。

「ぼく」は、岩塩の精製所で働いています。黒人は解放されたものの、まだ貧しくて生活にせいいっぱいだった時代は、子どもも貴重な労働力でした。「文字をおそわりたい。字が読めるようになりたい」。それが、少年の夢でした。「本にはきっと素晴らしい世界がかくされているにちがいない」とも思っていました。

厳しい労働の日々のなかで、「ぼく」は新聞を読んでいる黒人のおとなに出会い、希望を持ちます。少年の夢に気づいた母親は、どこかで一冊の本を手に入れてきました。自分は文字を読めないけれど、「文字は歌のように、音になるものだ」と母はいいます。

『文字のない絵本』

宮川ひろ〔文〕永田治子〔絵〕
2003年　ポプラ社　品切重版未定

「ぼくの希望」そのものである、新聞を読んでいた男をさがしまわり、その人に文字を教えてもらうことから、「ぼく」は新たな一歩を踏み出します。まずは自分の名前を――。「新しい世界に入った」と思う「ぼく」の歓喜の顔が、はじけるように描かれています。

暗いトーンの絵の中で、その顔はランプの光に照らされて美しく輝いています。「文字が読めること」を獲得するまでに、人はどんなに時間と手間をかけてきたのでしょう。

『文字のない絵本』に出会ったとき、この絵本が胸の奥にストンと落ちたのは、絵本のない山村に育った作者の、「くらしのなかで心をふるわせたもの、それがわたしが読んできた絵本でした」ということばに共感できたからだと思います。

主人公のまなみは、いつも大好きなおばあちゃんといっしょに図書館に行きます。そのおばあちゃんの子ども時代には、身近に本がありませんでした。おばあちゃんにとっては、自然や人とのふれあいが心をゆたかにはぐくんでくれるものでした。それがいわば、「字のない大きな絵本」だったのです。

子どもたちにとって心身ともに満ち足りた生活があってこそ、本は輝くのだ

『メルくんようちえんにいく』

おおともやすお〔作・絵〕
2000 年　福音館書店
品切重版未定

『エリザベスは本の虫』

サラ・スチュワート〔文〕
デイビッド・スモール〔絵〕
福本友美子〔訳〕
2003 年　アスラン書房

と思います。

家族に愛されることのしあわせを存分に描いている『あなぐまメルくん』の続編**『メルくんようちえんにいく』**は、メルくんが幼稚園にいくことで、いつも持ち歩いているつぎはぎの人形を手離すまでのお話です。

はじめての幼稚園に対する幼児の不安、その不安を和らげるために、幼稚園で使うクツとかカバンを家族全員でつくったり、励ましたりするほほえましいようすが、エピソードの積み上げでよく描かれています。幼稚園が大好きになる場面に、書棚にいっぱい絵本が並んでいるコーナーがあります。子どもの心がわかるおとながいて、本があり、居心地がいい空間があれば、どの子だって幼稚園が好きになること請《う》けあいです。

『エリザベスは本の虫』は、個人がたちあげた図書館のお話です。表紙の、手押し車に山のような本を積み、本を目のまん前まで近づけて読みながら歩いている痩せたメガネの女性。この人が、生まれたときから本が何よりも好きなエリザベスです。

本好きも半端でなく、ついに本だらけになった家を町に寄付し、エリザベス・

『おうじょさまとなかまたち』
アローナ・フランケル〔作・絵〕
もたいなつう〔訳〕
2008年　鈴木出版

ブラウン記念図書館が誕生しました。積み上げた本のあちこちに付箋が挟まっていたりして、本好きな人なら共感しそうな場面が随所に出てきます。

著者は、あとがきでこう言っています。

「図書館と祖母の家の庭が、安心していられる場所だった。静かなところで一人で過ごすのが好きだったので、今でも、庭と図書館は、お気に入りの場所である」

『おうじょさまとなかまたち』では、やさしい王女さまと動物たちがくらす平和な国に、一匹の虫が侵入してきました。その虫が挑発するので、動物たちも仕返しをします。虫は「いじめ」や「暴力」や「さげすみ」を受けるたびに体が膨らみ、ついに象より大きくなりました。

でも王女さまは、

「ちっともあわてなかったし、さしたり　つついたり、ひっかいたり　かみついたり　けとばしたり　はなで　あしらったり　しませんでした」

というように、とても勇敢で冷静でやさしかったのです。侵入者の虫の心をなだめて穏やかにしたのは、「もういいでしょ」の一言でした。

「目には目を」「歯には歯を」とばかりに相手をへこますことだけ考えている

『本はこうしてつくられる』
アリキ〔作・絵〕松岡享子〔訳〕
1991年
日本エディタースクール出版部
品切重版未定

『きんぎょ』
ユ・テウン〔作・絵〕木坂涼〔訳〕
2009年　セーラー出版
（現社名 らんか社）　品切重版未定

と、暴力は再生産されていくだけです。暴力の連鎖を断ち切るのは、「相手に届くことば」だと思います。

『本はこうしてつくられる』は、一冊の本が作家、編集者の手から生みだされ、印刷、製本、校正などの一連の作業を経て、読者の手に渡されるまでが細かい絵で描かれています。

もちろん、公共図書館も学校図書館も本の行き先の大事な場所です。学校図書館の壁に、「ぼくらが支えるぼくらの図書館」というポスターが貼ってあるところが心憎いです。

『きんぎょ』は、真紅の表紙、中はセピア色で統一し、金魚と本だけが赤、というおしゃれな絵本です。

森の奥の古い図書館で働くおじいさんについて行った少女ジェジェ。金魚もいっしょです。夜になり、月明かりの窓のそばで金魚に本を読んでいたジェジェですが……。

いつの間にか金魚がいなくなりました。一冊の本の中に消えた金魚を追って、ジェジェも不思議な旅をします。それは本の中で体験したファンタジーの旅だったのかもしれません。大好きなペットといっしょに大好きな本を読むよろこびが、しっとりと伝わってきます。

韓国生まれでアメリカ在住の作家の絵本です。

『山のとしょかん』
肥田美代子〔文〕小泉るみ子〔絵〕
2010年　文研出版

『山のとしょかん』に出てくる山に住むおばあさんは、子どもたちが大きくなって町に出てしまい、ひとりでくらしています。

ある日、畑から帰ると、段ボール箱が押し入れから引っ張り出されていました。中には子どもたちが小さいころに読んであげた絵本が詰まっていて、おばあさんは、子どもたちと過ごした楽しい時間を懐かしく思い出します。

畑に絵本を持って行って読みはじめたおばあさんのところに、一人の男の子がやってきました。本を読んであげると、次の日も次の日もやってきて、本を借りて帰ります。男の子は、実はたぬきでした。

たぬきが、小さな妹、弟たちに、おばあさんそっくりに絵本を読んであげる場面が笑えます。本を読んでいる途中におばあさんが言った、

「あら、たいへん。おまめを　にてるの　わすれてた。ちょっと　まっててね」

ということばまで入れて読むのです。

子どもはおとなの背中を見て育ちます。読んでもらったら、いつか読んであ

げる側になるのかもしれません。読み語りも、こうして次の代に伝わっていくのでしょう。

『このあかいえほんをひらいたら』
アリキ〔作・絵〕松岡享子〔訳〕
1991年
日本エディタースクール出版部
品切重版未定

『このあかいえほんをひらいたら』の表紙には、さまざまな動物たちが本棚で思い思いに本を読んでいるようすが描かれています。と思いきや、裏表紙と合わせてみると、この本棚は…実は大きな木の枝の上になっています。絵本には、表表紙や裏表紙にも、さまざまな秘密がかくされていることがあります。

木の上で読む楽しさは、私も子どもの頃によく体験しました。庭の大きな夏ミカンの木には、ちょうどおさまり具合のいい大きな枝があったのです。野外で風に吹かれての読書は最高です。日常から離れて、すぐに本の世界に入りこめますもの。この本も、表紙のように木の枝に腰かけて読みたい絵本だと思いました。

絵本はページをめくるドキドキ感がいいものですが、この絵本でもそれを感じることができます。途中で新しい絵本が現れ、主人公が変わり、新たな短い物語がはじまるのですから。動物たちも、大男も、子どもたちも、大きな木の中やまわりで読書に没頭している最後の場面は、家庭文庫のポスターにしたいほどすてきな絵です。

『ほんやのいぬくん』
ルイーズ・イェーツ〔作・絵〕
ほんじょうまなみ〔訳〕
2010年　岩崎書店

『モリス・レスモアと
ふしぎな空とぶ本』
ウィリアム・ジョイス〔作・絵〕
おびかゆうこ〔訳〕
2012年　徳間書店

『ほんやのいぬくん』は、どんな本も大好きないぬくんが出てきます。においはいいし、本の上は寝心地がいいですからね。そこで、いぬくんは本屋をはじめることにしました。

張り切って準備して、待ちに待ったお店の開店日。でも、お客さんはさっぱりでした。退屈したいぬくんはお店の本を読むことにします。においと寝心地だけではない本のすばらしさを発見し、夢中で本を読むようになり、みんなで楽しむことも好きになったいぬくんの成長が、短いことばとシンプルな絵でユーモラスに語られています。

『モリス・レスモアとふしぎな空とぶ本』は、読書が大好きなばかりか、自分でも物語をつくる青年モリスが主人公です。

ある朝、はげしい風がふきあれ、町もモリスもみんなふきとばされ、すべてがなくなってしまいました。空を飛ぶ不思議な本に案内されてたどりついたのは、本たちのすむ館でした。すべての本に人格があると思えるような、本への愛おしさにあふれた絵本です。いつも本を傍らに置き、本を友だちにしてゆたかな一生を送るしあわせを、セピア色を基調とした絵で表現しています。

『これは本』
レイン・スミス〔作・絵〕
青山南〔訳〕
2011年　ＢＬ出版

『**これは本**』は、パソコンとゲームが大好きなロバくんと本好きのサルくんの、かみ合わない会話ではじまります。ロバくんはサルくんに本の使いかたを聞きますが、基準はパソコン用語ばかりです。

「どうやってスクロールするの？」
「マウスは？」
「ハンドルネームは？」
「ブログしてる？」
「キャラクターをたたかわせることできる？」

ロバくんのそんな質問に、サルくんは答えることができません。

さて、ついに本を覗いたロバくんは、時間が経つのも忘れて本に夢中になり、本を返してくれません。読みかけの本をとられたサルくんの決めゼリフが痛快です。ぼそっと、「図書館に行ってくる」と。

二〇一三年には同じ作者と出版社で、幼児版の小さな絵本『これはちいさな本』も出版されています。

『**まほうつかいのむすめ**』の絵を描いたル・カインは、シンガポールで生まれ、東洋で少年期を過ごした英国人です。文を書いたアントニア・バーバーは、べ

『まほうつかいのむすめ』

アントニア・バーバー〔文〕
エロール・ル・カイン〔絵〕
中川千尋〔訳〕
1993年　ほるぷ出版

『ほんちゃん』

スギヤマカナヨ〔作・絵〕
2009年　偕成社

トナムから迎えた養女のためにこのお話を書いたそうです。「イメージの魔術師」と呼ばれる画家で東洋と西洋をミックスさせた不思議な美しいイラストと文が醸し出す世界が描かれています。

　魔法使いとふたりきりでくらす美しい娘が主人公。娘は、本を読むことで自分の出生の秘密を知り、「自分の母親はどういう人か。なぜ、〝むすめ〟としか呼ばれないのか」の疑問を解くために、宮殿を出ます。

　本を読むことが自立の一歩を踏みだすきっかけになるお話です。

　本の子どもの**『ほんちゃん』**は、将来、どんな本になるか考えています。図書館、本屋、古本屋で、いろんな本を見たり聞いたりして修業します。

図書館に住む「ほんちゃん」のお母さんは、「立派な図鑑になりなさい」といいます。音が出たり絵が動いたりする本もいいと思う「ほんちゃん」ですが、どんな本でも読んでくれる人と「ともだち」になれるのが一番のようです。

　さて、「ほんちゃん」は、どんな本になるのでしょう？

『よめたよ、リトル先生』のダグラス少年は、クラスで一番年下で、一番チビ。しかも引っ越してきたばかりなので、友だちもいなくて学校も大きらいでした。

『よめたよ、リトル先生』

ダグラス・ウッド〔文〕ジム・バーク〔絵〕
品川裕香〔訳〕 2010年 岩崎書店

また、ＡＤＨＤ（注意欠陥多動性障害）で字も読めませんでした。でも、リトル先生の粘り強い指導のおかげで読めるようになり、作家として活躍するまでになります。

そのきっかけは、毎年夏に、おじいちゃんに連れて行ってもらう島のことが描いてある絵本を読む勉強をしたことです。その馴染みのある風景や体験が描いてある本はとても興味深く、字を覚える努力の基になりました。

少年の性格や状況をよく知った先生が、ダグラス少年にぴったりの本を手渡すことで、障害を乗り越えて本好きの子になったのでしょう。しあわせな出会いを体験した少年は、おとなになり、出版した本に添えてこんな手紙を恩師に送っています。

「先生、ぼくが先生から教わったのは、本を読むことだけではありません。自信や知識……、いや、生きることそのものを教えてもらいました。だから、本を書けるまでになったのです。何もできなくてダメな小学生だったぼくに、すてきなおくりものをありがとう！」

家庭文庫を主宰《しゅさい》している私は、この本の「あとがき」に述べられている「カリズマティック・アダルト」ということばに興味を持ちました。ときにやさしく、ときにきびしく、見守りつつ指導してくれるおとなのことで、それは保護者の

『ありがとう、フォルカーせんせい』

パトリシア・ポラッコ〔作・絵〕香咲弥須子〔訳〕
2006年　岩崎書店

こともあるし、親戚のおじさんおばさん、教師、近所の人の場合もあります。

人はだれも、おとなになるまでに三人の「カリズマティック・アダルト」に出会うといいます。そして、どれだけすばらしい理論に基づいた教育も「カリズマティック・アダルト」にはかなわないという訳者の考え方が述べられていました。自分がその一人になるためには、多様性がある事実をふまえたうえで、個々の子どもたちのニーズを把握しながら支援する視点が大事であるとも。「発達障害がある」という枠を取っ払い、医学診断名だけで子どもをとらえてはいけないと発信しています。

『ありがとう、フォルカーせんせい』は、ＬＤ（学習障害＝知的発達に目立った遅れはないのに、学習面で特異なつまずきや習得の困難さを示す）の少女トリシャと、教え導いてくれた先生とのふれあいを描いた自伝物語です。

トリシャは、本を読んでもらうのが大好きな子なのに、学校に行って、いざ字を読もうとすると字も数字もくねくねした形に見えて読むことができません。勉強もできないし、字も読めないトリシャはいじめにもあい、学校もずる休みするほどでした。五年生になったとき、新しく来たフォルカー先生は、トリシャの絵の才能に気づき、字が読めないトリシャに毎日、特別な訓練をはじ

『ほんをよめば
なんでもできる』
ジュディ・シエラ〔文〕
マーク・ブラウン〔絵〕
三辺律子〔訳〕
2009 年　セーラー出版
（現社名　らんか社）

めます。そしてとうとうトリシャは字を読むことができるようになります。本が読めることは、知識を得、感性を育てるとともに、自己肯定感をも高めてくれるということがわかります。

『ほんをよめばなんでもできる』のサムは、生まれたときから本が好きで、どんな本も読める天才です。どこでも、何でも、読むことができるのです。道路標識、ママからの手紙、医学書、自転車レースに勝つための本……どんな困った問題が起きても、本を読んで解決しちゃいます。

ある日、サムの住む町に大きなあかんぼうがやってきて大暴れしますが、町のおとなたちはお手上げです。でも、サムなら絶対解決してしまうでしょう。なぜって、「読む者が勝ち。勝つものは読む」「本を読めば何でもできる」ですもの。

『ルリユールおじさん』は、パリの路地裏が舞台です。アカシアの木が大好きな少女ソフィーは、大事にしていた植物図鑑がバラバラにこわれてしまったので、本の修理屋を探し歩き、ルリユール（製本職人）おじさんに出会います。少女はそのおじさんと仲よしになり「ルリユールおじさん」と呼ぶようになり

『ルリユールおじさん』

いせひでこ〔作・絵〕
2011年　講談社（理論社より再版）

『大きな木のような人』

いせひでこ〔作・絵〕
2009年　講談社

ました。

ルリユールとは「もう一度つなげる」という意味です。おじさんは、狭くて散らかっている部屋の中で、少女と話をしながら、それはそれはていねいな仕事をしてくれました。

あくる朝、本を受け取りに行くと、ぼろぼろだった本は少女の好きなアカシアの木が描いてある新しい表紙になり、そこには『ソフィーの木たち』という金の文字が躍っていました。植物図鑑を片時も離さなかった少女は、のちに植物研究家になります。

同じ作者の**『大きな木のような人』**は、植物園が大好きでそこで絵を描く少女さえらを主人公にしています。その本の中で、ソフィーという植物研究家が少女と対面します。

「私の植物図鑑見る？」「あなたくらいの小さかった頃、世界中の木を見たいと思ったの」と、小さな訪問者さえらに声をかける場面では、おとなになった前作『ルリユールおじさん』の主人公ソフィーに出会えます。

たった一冊の本が人生の道しるべになり、次のだれかにつながっていく深い物語だと思いました。

『えほんをよんで、
ローリーポーリー』
リリ・シャトラン〔文〕
ロジェ〔絵〕徳永玲子〔訳〕
2006年　ポプラ社

『えほんをよんで、ローリーポーリー』に出てくる太っちょモンスターのローリーポーリーは、人間をおどろかすのが仕事です。

ある日、女の子をおどろかしたら、その子は何やら四角なものを落として一目散に逃げていきました。それがローリーポーリーと本との出会いです。中身を知りたいので、ドラゴンおばあちゃんに字を教えてもらいました。それからというもの、働くこと（人間をおどろかすことですけどね）を忘れて、本を読むのに夢中になりました。仕事をさぼっているので、モンスター村の村長はかんかんです。

さて、ローリーポーリーはどうなるのでしょう。村長さんの怒りはおさまるのでしょうか。ダイナミックな絵で、ダイナミックなお話が展開し、最後に粋な結末が待っています。

『ほんなんてだいきらい！』は、本が大きらいな一年生の女の子が主人公。ところが、図書室のブルックス先生ときたら、とにかく本が大好きで「みんなも　わたしみたいに　わくわくしてほしい」とばかり、あの手この手でせめてきます。それも半端なやり方でなく、絵本にふさわしい変な仮装までしてくるのです。

『ほんなんてだいきらい！』
バーバラ・ボットナー〔文〕
マイケル・エンバリー〔絵〕
さんべりつこ〔訳〕
2011年　主婦の友社

『ルラルさんのほんだな』
いとうひろし〔作・絵〕
2005年　ポプラ社

とうとう、「あたし」が大きらいな読書週間がやってきました。自分のおすすめの本を、衣装を着てみんなに紹介しなければなりません。「あたし」もしかたなく、本をたくさん借りてみたけれど、読む気にもなれません。どの本も気に入らない「あたし」に、おかあさんが「おまえは、イボみたいにがんこだね」っていったとたん、「あたし」はひらめきました。「イボの話が読みたい！」

その絵本の題名は、『みにくいシュレック』という強くて醜い怪獣の女の子の痛快なお話です。子どもにとって、自分の興味や好奇心を満たしてくれる題材の絵本に出会ったときこそ、絵本好きになるチャンスです！

『ルラルさんのほんだな』は、ほのぼのとした「ルラルさんシリーズ」の一冊です。ルラルさんはひとりぐらしのおじさんです。でも、動物たちと仲よしだからさみしくありません。ルラルさんは読書が大好きで本棚にはたくさんの本が並んでいます。

ある日、物語の世界を旅していると、ネコがやってきてルラルさんの旅はひとやすみ。あとからあとから動物たちがやってきて、ルラルさんは、みんなに本を読んであげることになりました。地面の裂け目に入って冒険するお話です。

途中、「ぼく、その穴しってる」というネズミの一言から、本はそっちのけで、

『もっかい！』
イアン・ホワイブロウ〔文〕
セバスチャン・ブラウン〔絵〕
中川ひろたか〔訳〕
2005年　主婦の友社
品切重版未定

外遊びがはじまってしまいます。

「あーあ、ネコやネズミには、本のおもしろさがわからないんだ」と嘆いたルラルさんですが、そのうち自分まで子どもみたいにいろんな穴をみつけて入りこむことに夢中になってしまいます。

そんなルラルさんに「帰ろうよ」「本の続きを読んでほしい」という動物たち。再びお話の世界に戻りました。

本を読むことも大切ですが、遊びも大事です。本と実際の生活体験を行き来することで、子どもは健やかに成長していくのでしょう。


夜ねる前の「おはなしの時間」は、**『もっかい！』**の主人公クマのブラウンちゃんにとって、とっておきのしあわせな時間です。満月の夜はなおさらです。読んでくれるのはおとうさん。読み終わると、ブラウンちゃんの「もっかい！」の声が、合いの手みたいにあがります。

そのたびに、森の動物の子どもたちが近づいてきます。みんなもクマとうさんに本を読んでもらったり、絵本の真似をしたりで大騒ぎ。「もっかい！」の掛け声も、どんどん大きくなりました。

絵本を読んでくれるのが父親という設定もいいですが、自分の子どもだけで

『もっかい！』
エミリー・グラヴェット〔作・絵〕
福本友美子〔訳〕
2012年　フレーベル館

なく、森のみんなにも読んであげるクマとうさんがすてきです。

私は外国へ行ったときに、いつも書店や図書館に行きますが、そこで見る読書啓発のポスターの九割は、父親が本を読んでいる姿が写っています。欧米では、父親が子どもに本を読んであげるのがあたりまえなのでしょう。


前出と、同じ題名の絵本『もっかい！』ですが、ドラゴンの子ドリックは、寝るのが大嫌い！　寝る前に父親が読んでくれる本は、トロルをいじめ、おひめさまをパイにかえて食べてしまう、こわくて赤いドラゴンが主人公です。

そのドラゴンの最後のセリフは、

「あした　もういっかい　やるからな！」

です。それに重なるように「もっかい」と、もう一度本を読んでとせがむドリックです。

でも、眠くないのはドリックだけ。読み手の父親はもう眠くてたまりません。本のお話の筋まで変わってしまい、いい加減な読み方です。ドリックの怒りが大きくなるにつれて、顔も赤くなりました。そう、あのこわいドラゴンそっくりに……。

くり返し、同じ本を読んでほしい子ども。眠くてたまらない親。このよくあ

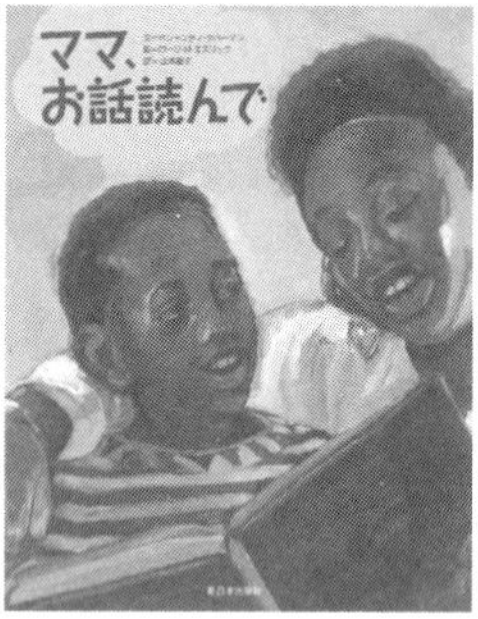

『ママ、お話読んで』
バシャティ・ラハーマン〔文〕
ローリ・M・エスリック〔絵〕
山本敏子〔訳〕
2010年　新日本出版

る図が、ほほえましい絵本です。

『ママ、お話読んで』のジョーゼフは、ママのお話を聞くのが大好きでした。ママは、音楽をかなでるような美しい声でお話をします。図書館で本を借りるようになった少年は、お話上手のママに読んでもらおうとむずかしい本を借りてきました。でもママは、忙しいといって読んでくれません。

実は、ママは字が読めなかったのです。ついにママは少年の前で泣いてしまい、その翌日、教会で「自分は字が読めないので、字が読めるようになりたい」と、大勢の前で告白しました。地域の周りの人たちの応援もあって、字を学びはじめた母親の姿が胸を打ちます。

字の無い最後の場面では、母子が「BOOK　FAIR」と書いた旗が揺れている図書館に向かって歩いている後ろ姿が描かれています。

『ほんをよむのに　いいばしょは？』の子ネズミのニリィは、本を読もうとしますが、静かな場所がありません。

弟たちは騒ぐし、キツツキはうるさいし、アナグマのいびきは大きいし、カエルの鳴き声もやかましいのです。静かな場所をあちこちさがしていたニリィ

『ほんをよむのに
いいばしょは？』
シュテファン・ゲンメル〔文〕
マリー・ジョゼ・サクレ〔絵〕
斉藤規〔訳〕
2013年　新日本出版社

『みて、ほんだよ！』
リビー・グリーソン〔文〕
フレヤ・ブラックウッド〔絵〕
谷川俊太郎〔訳〕
2012年　光村教育図書

ですが、最高の解決策がありました！　それは……。
本は、ひとりで読むのもわるくないですが、みんなで楽しさを共有できるのもすばらしいです。

『みて、ほんだよ！』の舞台は、貧しいスラム街。見返しで、犬を連れたはだしのおばあさんが、手づくりの粗末なカートを押しています。右手に持ったビニール袋から赤い表紙の本がはみ出ています。扉では、おばあさんは曲がり角で手押し車の向きをかえ、足元にその本が落ちている場面に変わります。

扉をめくると、はだしの女の子と男の子がおばあさんの家の前を歩いています。そして、次のページで汚れた本を見つけました。

「みて、ほんだよ！」

二人にとって、本は貴重なものです。汚さないように、雨に濡れないように気をつけて持ち帰り、ガラクタに囲まれた場所で並んで本を読みはじめます。

二人は本の中で、いろいろな冒険の旅をします。トタンの舟に乗って空を飛び、小さくなって鶏の背中に乗り、コーヒーカップで水辺に浮かびます。見慣れたゴミだらけの風景は、たちまち無限に広がるファンタジーの世界になりました。そして、本を読んでくれたおばあさんまでいっしょにファンタジーの世界を旅します。この場面から、実はおばあさんが孫のためにどこかから本を拾ってきたことがわかります。

この本の表紙裏に「本はわたしたちをどこまで連れて行ってくれるのだろう」と書かれています。本は想像の翼を広げ、自由に未知の世界を訪ねたり、生活体験を深めたり、生きる力の根っこを養うものだと思います。どんな環境にあっても、手渡すおとなといっしょに絵本を楽しむすばらしさが、象徴的に書いてある絵本です。

『きょうのえほん』
いもとようこ〔作・絵〕
2013年　金の星社

たっちゃんのお母さんは、毎晩絵本を読んでくれます。『きょうのえほん』はなにかな？　と、たっちゃんは、毎晩楽しみにしています。本を読んでもらって満足したたっちゃんの、やすらかな寝息が聞こえはじめると…、となりにいた、ぬいぐるみのクマさんは、ベッドからそーっと抜け出してとなりの部屋へ。「きょうのえほん」を待っているのは、たっちゃんだけではありませんでした。クマさんは、たっちゃんのおかあさんそっくりに絵本を読みはじめました。聞き手は、オモチャたち、そして、クレヨン、野菜、台所のおなべたち。

絵本を読んでもらうよろこびが、ほほえましく展開している絵本です。

『ほら、ぼく、ペンギンだよ』
バレリー・ゴルバチョフ〔作・絵〕
まえざわあきえ〔訳〕
2013年　ひさかたチャイルド

『ほら、ぼく、ペンギンだよ』では、カメの子どもが寝る前に、パパにペンギンの本を読んでもらいます。その夜の夢の中で、カメはペンギンになって、氷の上をすべったり、海に飛び込んだりしました。

朝になっても、まだペンギンになりきっています。おじいちゃんの背広を頭からかぶって、ペンギンの本を持って学校に行きました。「ぼく、なんきょくからきたペンギンなんだ」というと、友だちからは「かっこいいね」と大人気です。

先生もペンギンの本を読んでくれました。みんなも「ペンギンになりたーい」といったので、すべり台では、お腹から降り、音楽の時間は、ペタペタ歩きのペンギンダンス。そして足で卵をあたためるペンギンパパのまねをしたり、その日はみんなで一日中ペンギンになって過ごしました。

その夜、パパは、こんどはアフリカのジャングルに住むサルのお話を読んでくれました。さて、あすはどうなる？

『セコイア―世界でいちばん高い木のはなし』に出てくる男の子は、地下鉄のプラットホームのイスに忘れられていた絵本を手にしました。『セコイア』という題の絵本で、世界でいちばん高い木といわれるセコイアのことが書いて

『セコイア
―世界でいちばん高い木のはなし』
ジェイン・チン〔作・絵〕 萩原信介〔訳〕
2011年 福音館書店

あります。杉のなかまで、一億六千五百万年前の化石も発見されていること。二千年以上も生きることができること、六十メートル以上に育ち、ハイペリオンという種類のセコイアは、三十六階のビルよりも高いこと。

セコイアの秘密はまだまだあります。男の子は夢中になって本を読みます。本の内容と同時進行で、男の子はセコイアにふれ、セコイアの林を探検します。

本を読むことは、本の世界を旅し、現実の生活からファンタジーの世界に入れることです。読み終わった男の子が、ベンチに置いたその絵本は、通りかかった女の子の手に渡ります。手に取った一冊が、思いもかけなかった未知の世界へいざない、好奇心を刺激し、知るよろこびを充たしてくれました。扉に、次の読者になった女の子が、セコイアの林に踏みこむ場面が描かれ、本の無限の可能性を暗示しています。本の中にその本が登場するというおしゃれな構成で、本を読むわくわく感が伝わってきました。

著者は、リチャード・ブレストンのセコイアのことを書いた本『The Wild Trees』を読んで感銘を受け、セコイアの森に行ってさらに魅力に取りつかれ、セコイアの木への畏敬の念が、この絵本を描くきっかけになったそうです。

何気なく『セコイア』の絵本に出会った本の中の男の子と女の子も、そして

『ひらがなにっき』
若一の絵本制作実行委員会〔文〕
長野ヒデ子〔絵〕
2008年　解放出版社 エルくらぶ

この本を読んだ子どもたちも、いつかおとなになって、「セコイア」の魅力を語る日がくるかもしれません。

『ひらがなにっき』の主人公は、大阪府の富田林市立人権文化センターの識字学級に通う大正十四年生まれの吉田一子さん。この絵本ができた時には八十三歳ですが、六十六歳の誕生日からひらがなの日記を書きはじめています。右ページに一子さんのひらがなの短い日記。左ページに一子さんの生い立ちやエピソードが、躍動感のある力強い絵とともに描かれています。

被差別部落で育った一子さんは、七歳の頃から子守りに出され、学校に行けないので、おとなになってからも文字の読み書きができませんでした。孫のつかさくんに励まされ、文字を書けるようになっていくようすが、微笑ましくも切実な内容のひらがな日記につづられています。なかでも、一子さんが人の悪口を描いたラクガキに憤る日記にハッとしました。

私たちは、ようやく獲得した文字を、何にどう使っているのでしょう。粗末に使ってはいないか問われているようでした。一子さんの正直でたくましく時代を生きぬいた魅力を描きながらも、字を読み書くことは人権を守ることでもあると行間から感じ取れる絵本でした。

しあわせになる秘密

高島逸男

私は学校へ通った年数よりも何倍か長い間、図書館へ行き、本を借りて読んできた。それも子どものために書かれた本ばかり読んでいる。

私が子どもの頃には家にも学校にも本が少なく、また図書館に行くということもなかった。中学生の時には家にあった文学全集や文庫本を少し読んだ。高校生の時には学校の図書室で世界文学全集などをよく読んだ。

私が図書館に行くようになったのは息子に本を読んでやったり、息子に読ませたいな、と思う本を探すために、図書館を利用したのがはじまりだ。その子が31歳になったのに、私は相変わらず子どものために書かれた本を読んでいる。私は子どもの知能レベルに落ちて、止まってしまったのだろうか。

子どもの本のとりこになったのは名作が多いからだ。主人公の運命に同情したり、未知の冒険にわくわくしたり、真剣で悲しい話に涙をこぼしたりしている。百年前に書かれた物語でも、アフリカで書かれた物語でも、太古の時代の物語でも、悲劇的な事件が子どもを襲い、こころや身体を傷つけるものがある。主人公はそれをどう克服するか、本をおくことができなくなる。

主人公をうさぎやねずみやもぐらにする作家もある。人間や文明や環境の変化とどう闘うか、大いに考えさせられる。先住民や移民やアフリカンアメリカンの物語。こびと、妖精、悪魔、魔女などの物語。想像力のゆたかな物語に出会うと、どんなに長い物語でも続きを読みたくなる。

名作にはその中に「しあわせになる秘密」が隠されている。これは漫画、ＴＶゲームなどからは得難く、本を読んで気づかされる。

名作と出会うことを楽しみに、私は図書館生30数年となる。卒業はない。菅原孝標《すがわらのたかすえ》の娘のように世にある限りの物語を読みたいと図書館通いを続けたい。図書館が我が健康の泉となって、長生きしたいものと願っている。

9. 図書館が出てくる児童文学のリスト

ここまで、絵本から見る図書館のすがたを紹介してきましたが、児童文学のなかにも、いろいろなかたちで図書館が描かれています。ここでは、一九六〇年代後半から現在までの図書館が登場する児童文学（中・高校生向きまで含む）を、外国編・日本編と分け、年代順に書名と作者等を紹介します。

◆外国編…年代順

『ゆかいなホーマーくん』　ロバート・マックロスキー＝作　石井桃子＝訳　岩波書店　一九六五年
『魔女ジェニファとわたし』　E・L・カニグズバーグ＝作　松永ふみ子＝訳　岩波書店　一九七〇年
『海底二万海里』　ジュール・ベルヌ＝作　清水正和＝訳　福音館書店　一九七三年
『フリスビーおばさんとニムの家ねずみ』　ロバート・C・オブライエン＝作　越後道雄＝訳　冨山房　一九七四年
『バラの構図』　ペイトン＝作　掛川恭子＝訳　岩波書店　一九七五年
『トーマス・ケンプの幽霊』　ペネロピ・ライヴリィ＝作　田中明子＝訳　評論社　一九七六年
『ビーザスといたずらラモーナ』　ベバリイ・クリアリー＝作　松岡享子＝訳　学習研究社　一九七六年
『名探偵しまうまゲピー』　ウイリアム・デュボア＝作　渡辺茂雄＝訳　学習研究社　一九七六年
『マリアンヌの夢』　キャサリン・ストー＝作　猪熊葉子＝訳　冨山房　一九七七年
『パディントンの一周年記念』　マイケル・ボンド＝作　松岡享子＝訳　福音館書店　一九七八年
『ふくろ小路一番地』　イーヴ・ガネット＝作　石井桃子＝訳　岩波書店　一九七九年
『クローディアの秘密』　E・L・カニグズバーグ＝作　松永ふみ子＝訳　岩波書店　一九七九年
『夜中出あるくものたち』　ジョン・メイスフィールド＝作　石井桃子＝訳　評論社　一九七九年
『緑の国のわらい鳥』　E・ネスビット＝作　猪熊葉子＝訳　大日本図書　一九七九年

『とんでもない月曜日』　ジョーン・エイキン＝作　猪熊葉子＝訳　岩波書店　一九八〇年
『わんぱくタイクの大あれ三学期』　ジーン・ケンプ＝作　松本亨子＝訳　評論社　一九八一年
『はてしない物語』　ミヒャエル・エンデ＝作　上田真而子＝訳　岩波書店　一九八二年
『海賊の大パーティ』　M・マーヒー＝作　猪熊葉子＝訳　大日本図書　一九八二年
『緑の指の見えた日』　メイベル・アラン＝作　沢登君恵＝訳　ぬぷん児童図書出版　一九八二年
『怪盗紳士ルパン』　モーリス・ルブラン＝作　竹西英夫＝訳　偕成社　一九八七年
『ひみつのポスト』　ジャン・マーク＝作　百々佑利子＝訳　文研出版　一九八八年
『かさどろぼうを追いかけて』　E・エステス＝作　谷口由美子＝訳　あかね書房　一九八八年
『まいごのくまみつけた』　デーヴィッド・マクフェイル＝作　友野冬彦＝訳　トモ企画　一九九〇年
『リトルベアー　小さなインディアンの秘密』　リード・バンクス＝作　渡辺南都子＝訳　佑学社　一九九〇年
『ぎょろ目のジェラルド』　A・ファイン＝作　岡本浜江＝訳　講談社　一九九一年
『ジェーンはまんなかさん』　エレナー・エスティス＝作　渡辺茂雄＝訳　岩波書店　一九九一年
『おやすみなさいトムさん』　ミシェル・マゴリアン＝作　中村妙子＝訳　評論社　一九九一年
『リトル・トリー』　フォレスト・カーター＝作　和田穹男＝訳　めるくまーる　一九九一年
『図書室のドラゴン』　マイクル・カンデル＝作　大森望＝訳　ハヤカワ文庫　一九九二年
『クレージー・マギーの伝説』　ジェリー・スピネッリ＝作　菊島伊久栄＝訳　偕成社　一九九三年
『12月の静けさ』　M・D・ハーン＝作　金原端人＝訳　佑学社　一九九三年
『きょうりゅうが図書館にやってきた』　A・フォーサイス＝作　熊谷鉱司＝訳　フォア文庫　一九九五年
『弟の戦争』　ロバート・ウェストール＝作　原田勝＝訳　徳間書店　一九九五年
『潮風のおくりもの』　パトレシア・マクラクラン＝作　掛川恭子＝訳　偕成社　一九九五年
『学校ねずみのフローラ』　ディック・キング＝スミス＝作　谷口由美子＝訳　童話館出版　一九九六年
『ろうかのいちばんおくの教室は』　エバンス＝作　清水奈緒子＝訳　PHP研究所　一九九七年
『不思議を売る男』　ジェラルディン・マコーリアン＝作　金原瑞人＝訳　偕成社　一九九八年

『種をまく人』　ポール・フライシュマン＝作　片岡しのぶ＝訳　あすなろ書房　一九九八年

『青い図書カード』　ジェリー・スピネッリ＝作　菊島伊久江＝訳　偕成社　一九九九年

『フルハウス3　ステフのベビーシッター大作戦』　メアリー・ライト＝作　清水奈緒子＝訳　求龍堂　二〇〇〇年

『金鉱町のルーシー』　カレン・クシュマン＝作　柳井薫＝訳　あすなろ書房　二〇〇〇年

『図書館のなぞ』　ガートルード・ウォーナー＝原作　中村妙子＝訳　日向房　二〇〇二年

『ビッビ・ボッケンのふしぎ図書館』　ヨースタイン・ゴルデル／クラウス・ハーゲルップ＝作　猪苗代英徳＝訳　日本放送出版協会　二〇〇二年

『マチルダは小さな大天才』　ロアルド・ダール＝作　宮下嶺夫＝訳　評論社　二〇〇五年

『ファンタジーと言葉』　アーシュラ・K・ル＝グィン＝作　青木由紀子＝訳　岩波書店　二〇〇六年

『親愛なるブリードさま』　ジョアンヌ・オッペンハイム＝作　今村亮＝訳　柏書房　二〇〇八年

『ニック・シャドウの真夜中の図書館』　ニック・シャドウ＝作　堂田和美＝訳　ゴマブックス　二〇〇八年

『雨あがりのメデジン』　ゴメス・セルダ＝作　宇野和美＝訳　すずき出版　二〇一一年

『図書館からはじまる愛』　パドマ・ヴェンカトラマン＝作　小梨直＝訳　白水社　二〇一一年

『ローズの小さな図書館』　キンバリー・ウィリス・ホルト＝作　谷口由美子＝訳　徳間書店　二〇一三年

◆日本編…年代順

『ふたごのでんしゃ』	渡辺茂男＝作	堀内誠一＝絵	あかね書房	一九六九年
『長いながい道』	竹内恒之＝作	山中冬児＝絵	偕成社	一九八〇年
『小さな国のつづきの話』	佐藤さとる＝作	村上勉＝絵	講談社	一九八三年
『光車よ、まわれ』	天沢退二郎＝作		筑摩書房	一九八三年
『12歳ぼくの行動計画』	山花郁子＝作		小峰書店	一九八五年
『ペパーミントの季節』	竹下文子＝作		ケイエス企画	一九八七年
『ルドルフとイッパイアッテナ』	斉藤洋＝作	杉浦範茂＝絵	講談社	一九八七年
『謎のズッコケ海賊島』	那須正幹＝作	前川かずお＝画	ポプラ社	一九八七年
『出会いのカリフォルニア』	児玉聖子＝作		偕成社	一九八八年
『ルドルフともだちひとりだち』	斉藤洋＝作	杉浦範茂＝絵	講談社	一九八八年
『こうばしい日々』	江國香織＝作		あかね書房	一九九〇年
『王さまゆめのひまわり』	寺村輝夫＝作		理論社	一九九一年
『もうちょっとだけ子どもでいよう』	岩瀬成子＝作		理論社	一九九二年
『カナディアン・サマー・KYOKO』	村中李衣＝作		理論社	一九九四年
『「えへんおほん」の大ぼうけん』	山下明生＝作	長新太＝絵	文溪堂	一九九六年
『ぼくらの館長さん―子ども図書館物語』	伊藤始＝作		金の星社	一九九八年
『図書館戦隊ビブリオン1、2』	小松由加子＝作		集英社コバルト文庫	一九九八年
『空へつづく神話』	富安陽子＝作		偕成社	二〇〇〇年
『さびしい時間（とき）のとなり』	草谷桂子＝作		ポプラ社	二〇〇〇年
『図書室の海』	恩田陸＝作		新潮社	二〇〇二年

『図書館の神様』　妹尾まいこ＝作　マガジンハウス　二〇〇三年
『晴れた日は図書館へいこう』　緑川聖司＝作　小峰書店　二〇〇三年
『図書室のルパン』　河原潤子＝作　あかね書房　二〇〇五年
『戦う司書と恋する爆弾』　山形石雄＝作　集英社スーパーダッシュ文庫　二〇〇五年
『その本、持ち出しを禁ず』　十月ユウ＝作　富士見ファンタジア文庫　二〇〇五年
『ある日、爆弾がおちてきて』　古橋秀之＝作　メディアワークス電撃文庫　二〇〇五年
『ふしぎな図書館―リトル・リトル・プリンセス』　三條 星亜＝作　フォア文庫　二〇〇五年
『プールにすむ河童の謎』　緑川聖司＝作　小峰書店　二〇〇五年
『その本、触れることなかれ』　十月ユウ＝作　富士見ファンタジア文庫　二〇〇六年
『その本、禁忌の扉に通ず』　十月ユウ＝作　富士見ファンタジア文庫　二〇〇六年
『その本、開くことなかれ』　十月ユウ＝作　富士見ファンタジア文庫　二〇〇七年
『ブックスパイ・ヨム！こぶたのシチューの巻』　杉山亮＝作　学習研究社　二〇〇七年
『本の妖精リブロン』　末吉暁子＝作　東逸子＝絵　あかね書房　二〇〇七年
『吉野北高校図書委員会』　山本渚＝作　メディアファクトリーMF文庫　二〇〇八年
『雨ふる本屋』　日向理恵子＝作　吉田尚令＝絵　童心社　二〇〇八年
『しのびよる図書室の亡霊』　木暮正夫・国松俊英＝編　岩崎書店　二〇〇八年
『ぼくは落ち着きがない』　長嶋有＝作　光文社　二〇〇八年
『リトル・リトル・プリンセス　ふしぎな図書館』　三條星亜＝作　フォア文庫　二〇〇九年
『おさがしの本は？』　門井慶喜＝作　光文社　二〇〇九年
『図書館の女王を捜して』　新井千裕＝作　講談社　二〇〇九年
『「フラフラ」のすすめ』　益川敏英＝作　講談社　二〇〇九年
『優しい音』　三輪裕子＝作　小峰書店　二〇〇九年
『どうしてアフリカ？どうして図書館？』　さくまゆみこ＝作　沢田としき＝絵　あかね書房　二〇一〇年

『つづきの図書館』　柏葉幸子＝作　山本容子＝絵　講談社　二〇一〇年
『あなたは、読んでいますか? Do You Read?』　竹内さとる＝作　日本図書館協会　二〇一〇年
『晴れた日は図書館へいこう　2』　緑川聖司＝作　小峰書店　二〇一〇年
『図書室の日曜日』　村上しいこ＝作　田中六大＝絵　講談社　二〇一一年
『れんげ野原のまんなかで』　森谷明子＝作　東京創元社創元推理文庫　二〇一一年
『カエルの歌姫』　如月かずさ＝作　講談社　二〇一一年
『すすめ!　図書くらぶ1　旧校舎の黄金書』　日向理恵子＝作　フォア文庫　二〇一一年
『すすめ!　図書くらぶ2　百獣の行進』　日向理恵子＝作　フォア文庫　二〇一一年
『すすめ!　図書くらぶ3　雨夜の数え唄』　日向理恵子＝作　フォア文庫　二〇一一年
『サクラ咲く』　辻村深月＝作　光文社　二〇一二年
『希望への扉　リロダ』　渡辺有理子＝作　アリス館　二〇一二年
『トキメキ図書館』　服部千春＝作　講談社　青い鳥文庫　二〇一二年
『願いがかなうふしぎな日記』　本田有明＝作　PHP研究所　二〇一二年
『しろくまレストランのひみつ』　小手鞠るい＝作　土田義晴＝絵　金の星社　二〇一二年
『サエズリ図書館のワルツさん』　紅玉いづき＝作　星海社　二〇一二年
『かあちゃん取扱い説明書』　いとうみく＝作　佐藤真紀子＝絵　童心社　二〇一三年
『春へつづく』　加藤千恵＝作　くまおり純＝絵　ポプラ社　二〇一三年

第二章　市民参加の図書館づくり

☆ 昨今の図書館事情

この本を出版したいと思った動機の一つは、昨今の日本の図書館の危機的状況です。ただでさえ欧米から百年遅れているといわれている日本の図書館政策ですが、基礎ができていないのに、どこの自治体も資料費と人件費が削られています。職員は非常勤や嘱託が主流となり、選書や読書相談、障がいのある人へのサービスなど、長期的な責任ある仕事ができにくくなっている状況です。

その現状を改善するために予算を増やし、図書館充実のために力を入れることよりも、「公ではできないから公から民へ」と、安易に民間会社に委託する自治体が増えています。何かが犠牲になってはいないか、その理由は何なのか、なぜ直営ではできなかったのか、などの検証・確認もなく、「民間になってよくなった」と、新しい成功例として取り上げ、安易に評価する風潮が一般にもマスコミにも多いことも気になっています。

文化・教育施設である図書館は、だれもが公平に恩恵を享受でき、百年先の子どもたちに長期的に蓄積・継続されてこそ知的宝物になります。

利用者を増やすことは大事ですが、入館者数だけに注目し、開館時間延長やポイントサービスなどで基礎的なサービスが削られたら、本末転倒だと思います。また、個人情報や、だれにとっても公正公平な選書、サービス方針は守られるのでしょうか。何よりも民間会社は、儲けがないとわかったときに、百年先にまで責任をとってはくれないでしょう。

さらに、市民の知らないところで政策が大きく転換される例が多くなりました。また、首長の一言で、民営化どころか委託業者まで決まってしまうことが公然とおこなわれた自治体もあります。それをよく調べずに、これからの新しい図書館モデルとして取り上げるマスコミの記事が多いことにも失望しています。将来に禍根を残すと思われる自治体の方針を憂いて、提言する市民へのバッシングの実態も見聞きしました。

図書館は赤ちゃんからお年寄りまで、どんな立場の人もすべて含めたみんなのもの。市民の声が反映され、行政も市民もマスコミも、立場を越えて知恵を寄せあったときに、「図書館」は「みんなの図書館」として市民の誇りとなり、愛される存在になるのだと思います。

私は家庭文庫を開設した一九八二年から三十三年の間、図書館の発展を願う会で活動しています。幸いなことに、志を同じくする仲間、行政関係者、議員、協議会委員など、いい出会いがたくさんあり、立場を越えて図書館の発展をめざしたときに、サービスが飛躍的によくなる事例を体験してきました。

近年、静岡の図書館活動についての問い合わせも多く、その体験を記録し、残すことが何かの役に立つかと考えましたので、この機会に一部をご紹介します。

☆　静岡市の図書館づくり活動

私は家庭文庫（私設図書館）をはじめると同時に、静岡市内の文庫連絡会である「静岡子どもの本を読む会」（以下「読む会」）に入会しました。私の図書館に関わる活動のはじまりでした。「子ども・本・図書館」を中心テーマに据えているこの会の活動方針は明確で、会の案内パンフレット「子どもたちに読書のよろこびを」の中で四つの活動をあげています。

・子どもの本を楽しみ、学び、情報を交換する
・「子どもの本を学ぶ講座」を一九七二年以来、静岡市立中央図書館と共催で企画・運営
・子どもの本に関わる広報活動（講演・交流・本の紹介など）
・公立図書館・学校図書館の充実のための活動

この会の充実した内容の講座で、私は子どもの本と図書館に関しての基礎知識を教えてもらいました。当時ではめずらしい託児サービスがあり、毎年「図書館問題」の講座が入っていました。読書を単なる個人的な楽しみだけで終わらせないで、社会のなかでの読書環境を考えるという「読む会」の姿勢をあらわしていると思います。

静岡市にはたくさんの図書館関連の会があります。地域館や分館ができるたびに、要望を伝え、支える地元の会が誕生しています。「いつも、どこかの会が元気だった。だから、静岡市の図書館はなんとか発展してきた」という仲間のことばは、この歴史をふまえています。

図書館が建設されたあとに自然消滅した会もありますが、西奈図書館友の会〝けやき〟（会長　門馬道子氏）、北部図書館友の会（会長　小泉啓子氏）、美和図書館友の会（会長　小島烝二氏・事務局　法蘊浩道氏）などが、現在も、友の会として大きく発展し、活発な活動を展開しています。

また、「学校図書館を考える会・静岡」（事務局長　佐藤英子氏）は、「静岡子どもの本を読む会」や「静岡おはなしの会」のメンバーが、人のいない暗い図書室を嘆いたことに端を発し、一九九六年の「ほんとうの学校図書館を育てる会・静岡・準備会」（会長　伊藤紀久子氏）を経て、一九九七年に発足しました。

一九九八年から学校司書の配置がはじまり、市の努力で徐々に拡大され、現在六学級以上の小中学校で一〇三名の専任司書が活躍していますが、学校司書の専門性や勤務の継続性および全校配置が保障されていないことが課題です。「学校図書館に専任・専門・正規の人を」を目標に、長く地道な活動を続けています。

市全体を視野に入れた「静岡市の図書館をよくする会」（初代会長　加藤一夫氏）は、一九八八年に、市民、図書館、職員、研究者、学生、議員、各地域の会代表、市労組関係者などの幅広い層の参加で生まれました。「静岡市民の図書館基本構想第一次試案」「第二次試案」の冊子作成、「図書館の自由」についての発信など、どちらかというと実践よりも理論やデータで図書館を考え、深め、広めることが多かったのですが、私が会長（事務局は佐久間美紀子氏）をつとめていた二〇〇五年に、西奈図書館への指定管理者制度導入問題が浮上したことから、ストップに向けてのさまざまな活動をすることになりました。まずは、図書館の本来の役割を、一般の人にも議員にも知っていただくための資料づくりや勉強会をしました。

なぜ、図書館への指定管理者制度に反対したかの理由を「ちょっと待って！　民営化」という私たちが作ったパンフレットから抜粋してみます。

1．ほかの図書館、教育機関などとのネットワークが組めなくなります。

ほかの公共施設に比べ、図書館はネットワークが重要な役割を果たします。自館にない資料も、全国の公共図書館の相互貸借を通じて提供してくれるからです。そうしたネットワークがなければ、高度化する利用者の要求に応えることはできません。それが断ち切られてしまうおそれがあります。

2．短期間で管理者が変わると継続した責任ある仕事が期待できません。

司書が一人前になるのに十年はかかるといわれます。選書方針、蔵書構成は百年単位の仕事です。短期間の雇用だと、長期の見通しにたった計画性のある仕事は期待できませんし、職員も育ちません。また、公共図書館では、レファレンスや多文化サービス、障がい者向けサービスのノウハウを、全国の公共図書館と分け合ってきました。つまり、私たち市民すべての共有財産となったのです。しかし、民間のスキルやマニュアルは「企業秘密だから……」と公にならない例もあるそうです。逆に、利潤が要求される指定管理者や民間委託の図書館に、公立図書館が資料や情報提供することは、図書館法上問題となります。

3．個人情報やプライバシーへの配慮が心配です。

公務員には守秘義務があり守らないと罰を与えられ、民間人にはありません。図書館には約三〇％にあたる市民の個人情報があります（参考―日本の図書館二〇〇二年）が、この個人情報を民間企業が管理すると、情報の流出が懸念されます。また、その情報が顧客情報として商売に利用されないとも限りません。

4．もともと儲けのない図書館が利潤の対象となる可能性があります。

図書館などの社会教育施設は、効率では計れない役割をもっています。利潤を出すことを要求される民間企業が経営すると、どこかでサービスの質を落としたり、「いかなる対価も徴収してはならない」（図書館法十七条）という無料の原則がくずれる結果を招くおそれがあります。即効性だけを目的に選書がおこなわれれば、コレクションとしての蔵書構成ができません。人件費を節約すれば、経験のない臨時職員やアルバイトばかりがふえます。いずれも、高度なサービスが切り捨てられる結果になるでしょう。

5．市民のチェック機能・声を聞く体制がなくなります。

図書館は市民と共に育つものです。いわば、市民の民度が反映されるものです。しかし指定管理者にとっての第一のお客は、仕事をくれる行政であって、市民・利用者ではありません。責任が間接的になってしまいます。また、民間企業が「指定管理者」になれば、議会に報告する義務がなくなり、住民監査請求や情報公開の対象外になります。図書館協議会の設置義務もなくなります。市民の意見が反映されにくくなります。

6．だれにも公正で公平なサービスはできるでしょうか。

「図書館の自由に関する宣言」では、図書館職員が自分の好みや心情や、思想的、宗教的立場で勝手に選書できないように、利用者の読書の権利を保障するということを細かく決めています。公務員が守らないと罰則がありますが、民間人にはありません。公平、公正を欠くサービスにならないとも限りません。

7. 専門職が軽視され、人材が育ちません。

本当によいサービスを生み出せる司書、プロとしての仕事ができる司書は、資格を持っているだけでなれるものではありません。絶えず最新の知識を学び続け、利用者に接して、経験を積み重ねることで育つものです。やる気がある者が長期にわたり、責任と夢をもって働ける場を作り、プロを育てる。それが結局、図書館にとって最も効果のある運営方法です。しかし、今おこなわれている指定管理者運営の図書館では、司書は一般の市職員にくらべて待遇が劣悪ですし、権限もありません。これでは有能な人材が育つはずはありません。「人」がいなければ、図書館自体も成長していくことはできないでしょう。

8. 市の政策立案力がなくなります。

図書館を指定管理者にまかせるということは、いわば図書館運営の「丸投げ」です。そうしてしまうと、行政内に図書館運営の経験者がいなくなります。ノウハウも失われます。経験も知識もないなかで、効果的な図書館政策がどうして作り出せるのでしょうか。また、請け負った指定管理業者を指導できるのでしょうか。

市内のさまざまな図書館関連の会が、導入ストップのための運動を展開しましたが、歴代の静岡市立中央図書館協議会（平野雅彦会長・横村国治会長）委員の皆さんのがんばりは特筆ものでした。私も毎回傍聴しましたが、情報を収集し、学び、果敢に誠実に意見を述べた、白熱した会議の空気は忘れることができません。協議会としても、なんども報告書、答申書を提出して下さいましたが、次にあげるものがそのひとつです。

○ 静岡市立中央図書館協議会の報告書（二〇一一年八月提出）骨子

・市立図書館の運営は、直営が望ましく、指定管理者制度はなじまない。
・専門的能力を有する正規職員の安定した配置、非常勤職員のモチベーションが保てるような制度の検討を要望する。
・今後の社会・経済の変化、財政状況の悪化に際しても、業務合理化などで可能な限り直営を維持すべき。

また、県内の関係者の支援もいただき、毎年企画している県単位の静岡県図書館づくり交流会では、二〇〇七年に、『図書館っていいね！』のエッセイと、市民の図書館政策の募集をし、県内外の関心を呼ぶことになりました。『図書館っていいね！』には四九編、市民の図書館政策の「私たちが図書館に望むこと」には二八二項目、「私たちが図書館にできること」には一八六項目の応募がありました。『図書館っていいね！』から抜粋したものを本書の前章で紹介しています。また、その政策案をもとに、「静岡市の図書館をよくする会」でまとめたものが、次にあげる「市民の図書館政策」（抜粋）です。

＜わたしたちが図書館に望むこと＞

～楽しさ・安らぎ・未来がある～

前文

わたしたちの図書館が、まちを変える

学校に行けなくても、
障碍《しょうがい》や病気があっても、
資産や職がなくても、
組織に属していなくても、
日本人でなくても、

どんな立場にあったとしても、

「知るチャンス・学ぶチャンス・読むチャンス」
　が得られる社会
「知り方、学び方、読み方」を身につけることができる社会
「知る喜び、学ぶ喜び、読む喜び」が得られる社会
「知縁・学縁・読縁」を育む社会

そんな社会を作ることが図書館の役割です。
図書館は建物ではなく、あらゆる人々に、「知る権利、学ぶ権利、読む権利」を保障する社会システムであり、よりよく機能することで、市民を幸せにし、住みよいまちづくりを応援します。

100年後の子どもたちが「このまちに住んでよかった！」と言ってくれる。そんなまちに変えていきましょう。

はじまりは図書館から

市民の図書館政策「前文」解説

わたしたちの図書館が、まちを変える

わたしたちは、これからの社会に望むイメージを、四つのポイントにまとめました。

わたしたちのまちをそんな社会に変えていくために、図書館は大きな役割を果たします。

1.「知るチャンス・学ぶチャンス・読むチャンス」が得られる社会

仕事にせよ暮らしにせよ、今の社会を生きていくうえでは、知識や学習が、たいへん重要な役割を果たしています。「知るチャンス・学ぶチャンス・読むチャンス」は、人間らしい生き方のための、最低条件です。図書館は、あらゆる人に門戸を開き、全てを無料で提供することにより、こうしたチャンスをすべての人に保障します。

2.「知り方、学び方、読み方」を身につけることができる社会

くらしのうえで、予想もしていなかったことに出合った時に、新しい知識や情報が必要になります。図書館は、多様な立場からの情報を提供することでわたしたちの自己決定の力を育て、また、情報に操作されず、誤った情報を見分ける力をつけるのに役立ちます。

3.「知る喜び、学ぶ喜び、読む喜び」が得られる社会

「知ること」「学ぶこと」「読むこと」は、人間にとって昔から最大の楽しみの一つでした。ゆたかな資料によって、この深い喜びをあらゆる層に提供するのが、今も変わらぬ図書館の大切な役割であり、わたしたちの一番の願いです。

4.「知縁・学縁・読縁」を育む社会

昔から、人は「知識」や「学び」や「読書」を通じて人間関係を大切に育んできました。ITが世界を覆う時代においてもそのことに変わりはありません。図書館は病院と並んであらゆる階層の人々が知をもとめて行き交い集う「縁結び」の場です。

このように、図書館は知識を得、学び、読むために大きな役割を果たす場です。とりわけ公共図書館は、すべての住民に「知る」「学ぶ」「読む」権利を保障する機関であり、情報格差・教育格差を解消してだれもがゆたかに生きる社会をつくるのに重要な役割を果たします。

「学校に行けなくても、障碍《しょうがい》や病気があっても、資産や職がなくても、組織に属していなくても、日本人でなくても、どんな立場にあったとしても」とは、平等な「知る自由」の保障をもっとも切実に必要としている人々のことをイメージしています。そして、多くの人々は潜在的に、また間接的な関係まで含めればだれでも、こうした境遇と無縁ではないでしょう。つまりわたしたちは皆、公共図書館のような公的機関の支えを必要としているのです。

この四つについて明確な目標を持ち、その実現に努めている図書館こそがよい図書館といえます。わたしたちはこの観点から図書館を評価し、協力し、ともにまちづくりを進めていきたいと考えています。

わたしたちが、この社会でしあわせに生きるために何が必要なのか考えるなかで、あらためて図書館の役割、その大切さを確認しました。わたしたちは静岡市を希望に満ちた社会にするために、新たな一歩を踏み出したいと思います。

はじまりは図書館から

指定管理者制度導入が回避されたのは、六年後の二〇〇八年のことでした。「静岡市の図書館をよくする会」は右記の「市民の図書館政策」を具現化する会として、「静岡図書館友の会」に発展解消します。指定管理者制度導入の際に支援してくださった元教育委員長、元図書館長、協議会会長等も会の顧問や役員として運営に参加してくださり、大きな力をいただいています。また、静岡県立図書館職員、美術館学芸員の職歴を持つ田中文雄氏を代表とする静岡図書館友の会は、現在（二〇一三年）二百七十名余の会員を擁しています。さまざまな部署と協働しながら、地道に図書館支援活動をしています。二〇一三年九月には、静岡市立美術館の絵本原画展に於いてお話会を担当し、入館百万人記念式典の日は、図書館のよき理解者でもある田辺信宏市長とのかけあいで、『おおきなかぶ』の絵本読みを披露しました。

☆　行政と市民の信頼関係でできた図書館づくり

その１・静岡県立中央図書館協議会委員の立場から

市レベルの活動で手いっぱいだった私ですが、一九九八年に県立中央図書館協議会委員を任命されてから、県立図書館の課題とも深く関わることになります。

その年、鈴木善彦氏（後に静岡県教育長・現在は静岡文化芸術大学理事）が新任館長として赴任されました。委員就任の依頼に見えた鈴木氏は、「受けてもらうための条件はひとつだけ。図書館の発展につながることなら、図書館側にとってどんなに都合が悪いことでも、遠慮なく自由に意見を述べてもらうこと」と言われました。

第一回協議会は館長のことばを裏付けるものでした。膨大な資料が用意され、図書館の現状と課題が包み隠さず示されました。職員数、資料費、貸し出し資料数などが全国から見ても軒並みワーストの上位にあること。市町村ごとの図書館格差がひとめでわかる資料もありました。

この状況を知った協議会委員長が絶句し、「これは何とかしなくては」と思わずつぶやいたことが印象に残っています。公立図書館が抱える課題として、「読書離れ」「高度情報化」「厳しい財政事情」「ネットワークの大切さ」「人権、名誉、プライバシーの保護。学問の自由と知る権利をどう保障するか」などが挙げられました。さらに当面のテーマとして、多文化サービス、障がい者、病院患者へのサービス、市町村図書館への支援の問題、資料の収集基準見直しなど、すべての利用者にとって必要なサービスについて言及されました。

私もたくさんの意見を述べさせていただきましたが、ほかの委員からも意見が続出しました。その日、静岡新聞記者の中島忠男氏がずっと会議を取材し、写真入りの「貸し出し資料数、全国ワースト4」「新時代の対応必至」というタイトルの特集記事になりました。

この際、私が感じた鈴木館長の考え方と行為は左記のようなものでした。

1. **実態を正直に、臆さず情報公開する勇気**
2. **利用者の率直な意見を大切にする、市民参加**
3. **マスコミなど、さまざまな方法で一般県民への文化行政への理解の周知徹底を図る**

これらが、次のサービス向上のため実に大きな役割を果たしたと思います。

委員になってまもなく、私は県立図書館職員の方々に「利用者の立場から」というテーマでお話をさせていただきました。その時職員の皆さんが、とても感度がよく、リラックスした雰囲気が漂っていたのを覚えています。サービスを充実したので現場は忙しくなったはずなのに、職員一丸となってがんばっている風通しのよい職場の空気が垣間見えました。

私は図書館職員や協議会の熱い空気や内容をできる限り仲間には伝えましたが、図書館の外の方にも知って欲しいと願っていました。協議会では、二〇〇二年に県立中央図書館協議会名で静岡県教育長あてに、「県立図書館の充実について」の意見書を提出しました。内容は「県民ニーズに応える新しい県立図書館のあり方」をテーマに鋭意審議を重ねた結果として、審議事項に次の六点を挙げています。

1. **新館の早期整備を視野に入れた調査・研究の推進**

施設の老朽化、閲覧室・書庫などの狭隘化及び、情報化・ネットワーク化に対応した、また、子ども図書館機能も視野に入れた新館整備にかかる調査・研究の早期実施。

2. **資料費の継続的な確保**

専門的図書および雑誌に加え、一般図書、児童書、外国語図書を含めた幅広い分野の資料の計画的収集とその有効活用。

3. **市町村図書館等活動支援の充実・強化による県域全体へのサービス展開。情報ネットワークの推進（情報化・図書館運営支援・総合目録構築等）**

資料搬送のための物流ネットワークの整備・改善。

4. ユニバーサルデザインの理念を取り入れた施設整備の推進

障がい者・高齢者・健常者等すべての人が、安全かつ快適に利用できる機能的な施設・設備の計画的整備。

5. 学校図書館との連携促進

学校での「調べ学習」「総合的な学習の時間」の導入等に対応した学校図書館への支援と連携の促進。

6. 図書館職員の専門職化等の推進

資料収集・整理・保存・提供、各種情報サービスの提供等に従事する専門職員の確保と人事交流の促進。

それと並行して、サービスの向上を願っての署名活動をしました。県知事（当時石川嘉延氏）も快く会ってくださり、私たちの図書館に寄せる願いをしっかり受け止めていただきました。

成果はすぐあり、前年度七千万円の資料費が一億円になり、全国ワースト四位を脱却しました。また「子ども読書習慣づくり総合推進事業費」も一千万円計上されました。それまでゼロだった児童書も次の年から収集対象になり、以後、グランシップ（東静岡駅近くの県の施設）の県立図書館コーナーに子どもの本の部屋設置（二〇〇三年）、県立中央図書館内の「子ども図書研究室」設置（二〇〇四年）に繋がっていきました。

そのしあわせな体験から、図書館は官民両方が立場を越えてよくしようと動いたときに、確実に発展することを学びました。

その2・御幸町図書館基本構想委員の立場から

二〇〇四年に二二〇〇㎡の床面積の御幸町図書館が開館しました。街の中心の二十一階建て再開発ビルの四、五階で、大学交流フロアと産業支援フロアに図書館の機能がドッキングした施設です。開館までに基本構想策定委員会を設置し、私も五人の委員の一人として計八回の基本構想委員会に参加しました。この会は従来の慣例にこだわらない場面展開がいくつもありました。当時の村松泉中央図書館長は最初の挨拶の中で「財政的なことは横においても、新図書館の『理想』のイメージを大いに描いていただきたい。その『理想』が従来のものから突出しても構わない」と言われました。多様な意見が飛び交い、議論白熱、ついにEメールで電子会議までしたほどです。当時はまだ珍しかった会議や記録の公開もありました。産業支援施設との連携もあるので、会議には図書館職員のほか、時々産業政策課の職員も列席されました。膨大な資料と議論は左記のような新図書館の位置づけと特徴になりました。

「市街地中心部という地の利を生かし、都市型産業支援施設や大学交流センターと連携しながら、印刷メディアに加え最新の電子メディアを駆使して、地域に暮らし、働き、学ぶ人々のビジネス・学習等の活動を知的側面から支援する地域情報センターとしての役割を担う。また、静岡市中央地区の地域図書館とすることをめざす」

また、豊田高広氏をはじめとする事務局は、ワークショップ、ヒアリング、市民の意見募集などで、市民の声を運営に反映させました。市民を信頼し、その声を吸い上げる行政の懐の広さ、おおらかさ、柔軟さが、今、とても貴重に思えます。

その3・二つの分館の誕生

指定管理者制度問題で大揺れの時、二〇〇八年に麻機《あさはた》分館、二〇〇九年に美和《みわ》分館が生まれました。両館とも静岡市立中央図書館の分館として、複合施設の一階に設置されています。

美和分館は、慎重で地道な十六年の運動の末に生まれました。「美和に身近な図書館をつくる会」事務局の朝比奈和美さんたちが家庭文庫をはじめ、地域に読書環境のあることの意義を広め、その後、準備会を立ち上げて、美和の郷土史を学ぶ講座（元静岡市中央図書館長の大澤喜雄氏が講師）で、地域の特性を知り、図書館の役割を学び、幅広い地域の運動に繋げていきます。開館後も、友の会、読書会、お話ボランティア「ねこバス」などが活躍しています。

一方、麻機分館は、地元連合町内会が複合施設建設を市に要望してから五年後に、市より空き教室を転用した施設案を提示され、その三年後に生まれました。

図書館誕生には、どの館にもそれぞれの物語がありますが、ここでは空き教室転用という不利な条件を、官民が協力して利点に変えていった麻機分館の例をご紹介します。小さな図書館ですが、「空き教室をつかっても、これだけ魅力的な図書館になる」モデルとして注目されています。この分館がどのようにして生まれたのか？　麻機地区住民の池上理恵さんが、「二〇〇八年　静岡県図書館づくり交流会」で発表されたときの記録を紹介します。さまざまな立場の人たちが、力を合わせてよりよい図書館をつくろうとした場に、私も仲間とともに参加できたよろこびを忘れることができません。

市民と行政の『協働設計』で図書館をつくる

池上　理恵

過酷な条件のなかで

当初、住民は他館と同じような規模や内容の図書館を期待したが、静岡市から提示されたのは麻機小学校の空き教室を転用した複合施設の一階部分で、面積は、教室二つ半の広さの三四〇㎡。教室間の耐震壁もそのまま残すという過酷な条件であった。

住民からは、「他の選択肢はないのか?」「車や不特定多数の出入りによる児童の安全は守れるのか?」「この地域の住民だけ、なぜ厳しい条件を受け入れなければならないのか?」など疑問の声が噴出した。しかし、空き教室を使う条件を受け入れなければ、麻機地区に図書館建設が実現しない状況であった。

希望をもたせてくれた提案

連合町内会はワークショップを開催し、住民の意見や要望を聞く。住民からは、子どもたちの安全面への不安と貧弱な施設に対する失望と怒りの声が絶えなかった。そのなかで、地元建築家のK氏は、空き教室転用の施設であっても、増築することによって、教室だった痕跡を残さない魅力的な空間が実現できる可能性を映像で示し、行き詰まっていた状況に突破口を開く。地元市議も、全国のモデルになるような図書館にしようと語りかけた。

図書館づくりを支えた「静岡市の図書館をよくする会」

私たち住民有志は、図書館づくりに関してなにが大事か、右も左もわからぬ不安から「静岡市の図書館をよくする会」に、図書館づくりの基本をレクチャーしていただく。冊数のこと、面積のこと等、基礎から学んでワークショップで要望に書く。このメンバー三名を含む五名が、麻機地区の連合町内会の図書館分科会メンバーになって、地元住民としての意見を連合町内会へ届けるようになる。

住民の意見を吸い上げた「要望書」

連合町内会は四回のワークショップを開催した後、住民の意見を「要望書」にまとめて、平成十八年五月に静岡市に提出した。

《麻機地区連合町内会要望書》

一、図書館は七〇〇㎡以上の広さを確保する。
二、蔵書は五万冊以上とし静岡市中央図書館麻機分館としての位置づけをする。
三、司書を含め図書館専任の人材を配置する。
四、ゆっくり寛げる居心地の良い空間を確保する。
五、地域の特色ある書物や児童書も多く確保する。
六、開設準備の段階から地元住民も協議に参加できる。

連合町内会は再度「要望書」を提出

六月、市から、要望書に対する回答があった。二〜六は受け入れられたが、図書館面積は四〇二・三㎡。連合町内会は、再度ワークショップを開催し、住民の要望をまとめ、再度「要望書」を作成する。そのとき、もう一人の建築家H氏が、住民の希望を入れた提案図面を描いて「要望と提案」にまとめて連合町内会へ提出。連合町内会は九月に両書類を市に提出する。

《麻機地区連合町内会要望書》

「一階の床面積は従来の計画より六三㎡広がり、四〇二・三㎡となりましたが、果たして五万冊の蔵書に対してゆっくり寛げる空間が保たれるか大変心配しています。可能な限り最初の要望どおりの七〇〇㎡の床面積を確保できるよう、関係各課と学校と増築もふまえてご検討をお願いしたい。中央図書館の分館の地域図書館として、市の各図書館と繋がったシステムを構築し、利用者が図書館機能を十分に活用できるようにご配慮お願いします」

市からの回答は六五七・一四㎡

十一月、市から図書館面積は六五七・一四㎡と回答があった。学校との協議の結果、これが拡張できるリミットだったので、住民側も了解する。当初の面積三四〇㎡から二倍弱まで拡張することになった。

設計図を見ながら住民と行政が協議

平成十九年一月一日の図書館検討会で設計図が示される。連合町内会は、住民説明会を開催。また、連合町内会図書館分科会の提案で、住民と行政の図面検討会を重ねる。設計事務所、図書館分科会メンバー、地元建築家、連合町内会役員、地元市議、市立中央図書館職員、市公共建築課職員、「静岡市の図書館をよくする会」のメンバーが基本設計図を見ながら、設計や備品についての協議を重ね、平成十九年二月七日に最終的な図面検討を終える。図面による検討協議は約一ヶ月間であったが、密度の濃い真剣な話し合いがおこなわれた。

不利な条件を活かして

当初は、実現が危ぶまれるほどに紛糾した麻機地区の図書館づくりは、連合町内会主催の五回のワークショップと、図書館にしぼった十数回の検討会を通して、予想もしなかった方向へ変化していった。とくに、図面検討会に入ってからは、住民と行政が立場を超えて知恵を出し合ううちに、不利な条件をプラスに変えていくアイデアがいくつも生まれていった。

耐震壁を展示壁に活用し、開架書庫の壁にしてしまう案。狭い面積と、くつろげる空間の両立を図るために、増築部分の天井は可能な限り高くする案。ゆったりくつろげる場所と、本を詰め込む開架書庫で空間にメリハリをつけ、面積を食う個人用キャレルの代わりに大きなテーブルをおく案。できる限り間仕切り壁を無くす。職員トイレをサービスコーナーのトイレと共有する。図書館職員が扱いやすい位置にブックポストを設置する。カウンターは人の動線を妨げない形に。駐輪場から雨に濡れずに玄関まで来られるように。新聞コーナーには新聞を広げられるテーブルを。南窓と書架の間にミニ展示用の棚を作って、そこに木の実や、石、人形、おもちゃ、花などを置いて、本との橋渡しのきっかけに。麻機遊水地や周辺の里山の自然や伝説の豊かな地域性を活かし、自然関係の本や郷土資料を充実させて特色を出す。入り口のつきあたりの書架の上段は、表紙が見えるものを。正面に自然をテーマにした本を配置して館の特色をPRする。

これらの提案は受け入れられ、実現されることになった。危惧された子どもたちの通学路の安全問題やセキュリティ問題は、道路拡張歩道整備など、地元市議の尽力で克服し、地域で子どもたちを見守り育てていく視点も生まれつつある。図書館がすぐそばにあるプラス面を活かせば、この地域の子どもたちはゆたかな読書環境の中で育っていくだろう。

波乱万丈の出発ではあったが、ここに至ってやっと、この地域にふさわしい個性的な図書館の姿が浮かび上がってきた。

図書館づくりを支えた人の輪

志を高く持つよう住民を鼓舞し続けてくださった地元建築家のKさん。果敢に意見を発表し続けた図書館分科会の仲間たち。住民の気持ちがバラバラでは行政に届かないと説得し、住民の希望を入れた提案図面を描いて「要望と提案」にまとめてくださったHさん。なんどもワークショップや検討会を開いて、意見をまとめて市に届けてくださった連合町内会長や役員の方々。紛糾する町内を辛抱強くまとめて実現にこぎつけてくださった地元市議。実現可能な提案をどんどん取り込んでいった設計事務所。いっしょになって考えてくださった行政側の職員の方々。長い年月、図書館づくりの情報を収集し、重要なアドバイスを下さった「静岡市の図書館をよくする会」のメンバーの控え目でありながら、万全の支援。その支援のあり方を通して、静岡市の図書館運動の成熟度と豊富な蓄積を体験した。また、「よくする会」の依頼を受けて、市立中央図書館長は町内の検討会やワークショップへの、「よくする会」メンバーの参加を連合町内会へ頼み、連合町内会はそれを受け入れた。ここには、大らかな信頼と、住民と行政を結ぶ協働が生まれていた気がする。

このようにして、今、私たちの地域に図書館が生まれようとしている。

（二〇〇八年　静岡県図書館づくり交流会・発表要旨）

※　麻機分館は二〇〇八年六月に開館。建設に関わった有志が、「あさはた図書館・市民の会」（代表　栗田仁氏）を立ち上げ、分館への要望や、見学者の案内等をおこなっている。

☆　こんな図書館がほしい「私たちの図書館プラン」

地域にどんな図書館が欲しいか。具体的にイメージするのはなかなかむずかしいものです。「美和に身近な図書館をつくる会」（会長・榎本仁氏／事務局・朝比奈和美氏）が分館の建設設計にあわせて作成した「図書館プラン」を基に、二〇〇六年に四つの関連団体が市に要望した文書を参考までに紹介します。規模にかかわらず、「理想の図書館像」を描けるかと思います。

はじめに

私たち市民の図書館づくり運動は、自分たちの地域を知ることからはじまり、多くの方々と出会い、図書館への思いを伝えることによって進んできました。そして、「私たちの望む図書館像」をつくるべく、市県内外の図書館を数多く見学し、勉強会や講演会等から情報を集めて、検討を重ねてきました。その結果をまとめたものが本書です。

図書館は単なる建物ではなくて、人々に必要な情報を収集し、保存し、提供するための機能の総称です。この機能は、資料・職員・施設の三要素によって支えられています。図書館がよりよく機能するためには、この三要素のいずれもが高水準に維持されなければなりません。静岡市の図書館がさらに発展することを願っています。

基本コンセプト

○静岡市立図書館全域サービスネットワークに有機的に組織化され、システムとして一体になって動けるものであること。
○「地域の知の拠点」としての風格を持った図書館であること。
○機能的、合理的に優れているだけではなく、小さくても地域性のある個性ある図書館であること。
○赤ちゃんからお年寄りまで、だれにとっても居心地がよい、気軽に利用できる滞在型の図書館であること。
○生涯学習の場として、子どもたちの学習サポートからゆたかな老後の生活支援ができ、世代間交流がはかれるような、「住民の広場」となること。
○利用者の多様な要望に応えられる、つねに新鮮で豊富な資料・情報を備えていること。
○経験のゆたかな専門職員（有資格者）を配置し、行き届いたサービスを提供していること。
○地域の学校図書館や類縁施設と連携し、さまざまな分野の活動を支援していくこと。
○ボランティア団体とは十分な意思疎通をもって連携し、図書館運営や図書館活動の充実を図れるように、支援していくこと。
○地域の歴史、文化、産業などの特色を活かし、地域の発展に貢献し、町づくりに貢献できること。

○建物は、耐震構造などの安全性、シックハウス対策などの快適さ、長く地域のシンボルとなっていくような美しさと長寿命をそなえていること。
○プラン段階から専任の担当司書を配置し、地元住民や利用者団体と密接に協議しながら建設をすすめ、開館後も市民と図書館が協働で図書館づくりを進められるシステムになっていること。

具体的内容

1　図書館の運営・管理形態

静岡市の図書館全域サービスネットワークに組み入れられた直営館である。

2　図書館の規模

五万冊以上の蔵書と、中・低書架や十分な閲覧席等のある中でゆったりと過ごすことができる面積を持ち、「滞在型」の図書館。

3　資料

・蔵書五万冊以上を持ち、新聞・雑誌・ＡＶ資料も充実している。
・利用者の求める資料や情報に迅速に応え、または資料の保存や魅力的な書架づくり等のために、書庫が設置されている。
・地域の特色ある資料を収集し、保存・育成・伝承の場（例えば、講演会、講座、展示等）が充実している。
・地域の地場産業を支え、発展させることのできる資料や情報収集が充実している。
・地域の歴史・文化・民俗・民話などの資料や情報を収集する地域資料コーナーが充実している。

4　職員

利用者のニーズに十分応えられる経験ゆたかな職員（有資格者）が六名以上配置されている。

5　サービス・運営

・だれにでも使いやすい検索機が、二台以上設置されている。
・レファレンス（利用者の求める資料に対する相談業務）に応えられるような、知識と経験をもつ職員が配置されている。
・常に新鮮な資料が揃っている。
・返却ポストが、わかりやすく、庇（ひさし）のあるところに設置されている。
・利用者の意見を反映するため、投書箱が設置されている。それへの回答を掲示するコーナーがある。

6　子どもたちのために

・子どもの読みたい知りたい気持ちに応えられる、子どもの本に詳しい職員が配置されている。
・子どもが安全に使える流線型の家具を使用し、楽しい空間が演出されている。
・おはなしコーナーを設け、おはなし等の催しが定期的に開かれる。
・特集コーナーを設け、魅力ある企画がされている。
・学校図書館との連携を大切にしている。幼稚園や保育園、児童クラブ、保健所などの子どもに関わる施設と連携して、地域の子どもたちの成長を支援する。

7　ヤングアダルトのために

・ヤングアダルトのための書架スペースが設けられている。
・十代の子ども特有の資料要求に応えるため、また児童書から一般書の移行期にふさわしいヤングアダルト向けの資料が充実している。
・ＡＶコーナーと有機的に結びついている。
・掲示板、壁面等を利用した情報コーナーを設け、ヤングの声を反映させる場がある。

8　お年寄り・不自由なところのある人のために

・図書館全体のサインが大きくわかりやすいものになっている。
・拡大鏡が置かれている。

・大活字本等、不自由なところのある人のために資料が備えてある。

9　コンピュータについて

・パソコンを持っていない人でもコンピュータでの情報が得られるように、だれでも自由にインターネット等にアクセスでき、データベースなどの電子資料が利用できるパソコンが設置されている。
・設置場所については、利用者のプライバシーが守られる配慮がされている。

10　事務室・職員の休憩室等

・職員が働きやすいように、作業のためのスペースと休憩室がある。
・職員の意見が十分反映されている。

11　ボランティアとの連携等

・読書会や郷土研究会、朗読ボランティアなどの図書館関連サークルやボランティアが利用できる会議室が確保されている。
・図書館ボランティアとの連携がされている。
・開館後も運営について利用者団体等と協働できるような機会が設けられている。

12　建物

a　周辺

・公園や周りの木々の緑を生かし、環境に配慮した建物になっている。
・外からも建物が図書館であることがわかり、入りやすい。
・最寄りのバス停には、図書館への案内図が設けてある。
・道路から図書館の存在がわかるように大きなサイン（看板）を付け、歩道には点字ブロックを施してある。
・道路から開架書架までの間が、車椅子で自由に行き来できるようバリアフリーになっている。
・読書テラスを設けている。（菊川市立小笠図書館を参考）

・施設の周りは、樹木（広葉樹。例えば、欅、プラタナス、銀杏など）で囲み、窓からは、木陰や芝生等の緑地帯が見えるようになっている。

b　**入口**

・入口は、だれでも気軽に入れる雰囲気が感じられる。
・入口には、「開館日、休館日、催し物」等がわかりやすく掲示されている。
・地域の情報が分かり、利用者間の交流ができる展示スペースが設けてある。
・ゆっくりと図書館で過ごすことができるように、自動販売機コーナーを複合施設内に設けてある。

c　**カウンター**

・カウンターの位置は、来館者に威圧感を与えないように入口の正面は避けて、全体が見通せるところになっている。
・児童や車椅子の使用者が、使いやすい高さ（七〇㎝）とし、車椅子がカウンターに納まるように設計してある。

d　**開架スペース**

・天井は、圧迫感を与えないように高くなっている。
・照明は、間接照明や自然採光を取り入れて、明るく、直射日光が当たらないような工夫（例　スクリーンカーテン等）がされている。
・床は、段差をつけず平らになっている。床材は、歩いても音のしない、滑らない、埃の立たない素材で、落ち着いた色調が施してある。
・書架は、中・低書架を多く使用し、本が主役となれるようシンプルなデザインで、暖かみのある材質（白木）を選び、免震書架が施してある。（菊川市立小笠図書館、島田市立金谷図書館を参考）
・書架と書架の間には、車椅子やベビーカーと人がすれちがうことができる広さ（約一四〇㎝）になっている。

・壁、柱は、掲示板や書架などに有効利用できるようになっている。（浦安市立図書館小浜分館を参考）
・館内サインは、お年寄りにも読みやすいように、地色と文字の色のコントラストがはっきりとしたものである。（島田市立金谷図書館、菊川市立小笠図書館を参考）
・閲覧コーナーは、カウンターテーブルと閲覧席を設け、さらに書架の端や隅などを利用しながら、三〇席以上の閲覧席を設けてある。
・新聞、雑誌閲覧コーナーは、図書館の入口寄りに配置し、北部図書館のような書架とゆったりとした座り心地の良い椅子、大きなテーブルが置いてある。新聞は、取りやすく、読みやすい、ボックス型のものに入れてある。新聞を広げて読める台が設けてある。（さいたま市立片柳図書館、菊川市立小笠図書館を参考）
・児童コーナーの書架は、北部図書館のように最下段が斜めになっている低書架を使用し、また展示書架をできるだけ多く使用している。
・児童コーナーの床は、北部図書館のような床素材と暖房が施してある。

☆　マスコミの力・議員の力

「図書館」を通して、マスコミのあり方にも多くを学ばせてもらいました。最近のマスコミ記事は、ニュース性のある目新しい話題を取り上げがちですが、その過去や見えない部分の検証や歴史的意義、未来への展望がない記事が多いように思います。

幸いにも、静岡新聞で県立図書館協議会の記事を書いた中島忠男記者は、その後も図書館の話題を何度も公平・公正な記事に取り上げてくれました。図書館の役割りや課題を長期にわたり、広い視野でさまざまな立場から取材し、情報収集してくれたからできたことだと思います。

静岡市に指定管理者制度導入問題が起きた時にも、他の新聞社やテレビ局も含め、協議会や市民団体の動きを記事に取り上げてくれました。詳しいことはともかく、少なくても疑問を感じている市民がいるという事実は、一般の人も関係者も立ち止まって考えるきっかけになったのでないかと思います。「マスコミが取り上げるか。どういう記事にするのか」は、世論の形成に大きな力になることを身をもって体験し、マスコミの力に信頼を寄せることができたことを心から感謝しています。

また、議員さんの中に図書館について精通し、よく勉強して下さる方がいると、とても力になってくれます。静岡の場合も、県会議員、市会議員共に強力な支援者がいて心強いです。「こそ」という時に質問をして下さることで政策の転換に繋がります。静岡市の場合も指定管理者制度導入問題の時に、「協議会の決定を尊重する」という議会での行政の回答が、後々大きな影響を及ぼしてくれました。情報収集と勉強を欠かさない議員の存在もありがたいことです。

図書館の自由に関する宣言

1979年改訂（主文）

図書館は、基本的人権のひとつとして知る自由をもつ国民に、資料と施設を提供することを、もっとも重要な任務とする。

この任務を果たすため、図書館は次のことを確認し実践する。

第1　図書館は資料収集の自由を有する。

第2　図書館は資料提供の自由を有する。

第3　図書館は利用者の秘密を守る。

第4　図書館はすべての検閲に反対する。

図書館の自由が侵されるとき、われわれは団結して、あくまで自由を守る。

社団法人 日本図書館協会

図書館の大切な役割である「知る権利」を明文化したもの。
日本図書館協会の綱領として1954年に定められ、
現在は1979年改訂版が使われている。
日本図書館協会は日本の図書館を代表する総合的な全国組織として、
図書館の発展に寄与する活動をしている。
宣言は、多くの図書館の入り口に掲げられ、
図書館職員の倫理覚悟を示している。

私《わたくし》たちの図書館宣言《としょかんせんげん》

図書館《としょかん》は人類《じんるい》の叡智《えいち》の宝庫《ほうこ》です。
読《よ》み、調《しら》べ、学《まな》び、交流《こうりゅう》し、必要《ひつよう》な情報《じょうほう》が得《え》られる教育《きょういく》機関《きかん》として、私《わたくし》たちの自立《じりつ》と地域社会《ちいきしゃかい》の発展《はってん》になくてはならない施設《しせつ》です。

私《わたくし》たちは、ここに図書館《としょかん》のあるべき姿《すがた》を掲《かか》げます。

一　知《し》る自由《じゆう》と学《まな》ぶ権利《けんり》を保障《ほしょう》する図書館《としょかん》
二　いつでも、どこでも、誰《だれ》でも、身近《みぢか》に無料《むりょう》で利用《りよう》できる図書館《としょかん》
三　資料《しりょう》・情報《じょうほう》が豊富《ほうふ》に収集《しゅうしゅう》・整理《せいり》・保存《ほぞん》・提供《ていきょう》されている図書館《としょかん》
四　司書職制度《ししょしょくせいど》が確立《かくりつ》され、経験《けいけん》を積《つ》んだ館長《かんちょう》と職員《しょくいん》がいる図書館《としょかん》
五　利用者《りようしゃ》のプライバシーを守《まも》る図書館《としょかん》
六　情報公開《じょうほうこうかい》と民意《みんい》に基《もと》づく図書館協議会《としょかんきょうぎかい》が機能《きのう》する図書館《としょかん》
七　教育委員会《きょういくいいんかい》の責任《せきにん》で設置《せっち》し、直接《ちょくせつ》、管理運営《かんりうんえい》される図書館《としょかん》

私《わたくし》たちは、この実現《じつげん》のために、図書館《としょかん》を支《ささ》え、守《まも》り、すべての人《ひと》と手《て》をつなぎ、図書館《としょかん》とともに成長《せいちょう》することを宣言《せんげん》します。

図書館友《としょかんとも》の会全国連絡会《かいぜんこくれんらくかい》

2009.5.25 総会決議

2012.5.22 総会改訂

※前頁の「私たちの図書館宣言」について

図書館友の会全国連絡会（図友連）は、二〇〇四年に発足した図書館を支援する全国組織で、「手をつなぎ図書館支える図友連」のキャッチフレーズのもと、図書館に関心を持ち、図書館を守り育てていく活動をしている市民やグループのネットワークです。二〇一三年八月現在、団体会員七四、個人会員九〇名が参加しています。

前頁の「私たちの図書館宣言」は、市民が望む理想の図書館について、足掛け三年の討議を経て二〇〇九年に決議した宣言文です。以下、その詳細を説明します。

「私たちの図書館宣言」解説　二〇一一年五月二三日採択

一　知る自由と学ぶ権利を保障する図書館

私たちは、図書館のさまざまな資料・情報から、読書の喜びを得ると共に、自ら調べ、考え、判断して課題を解決します。図書館の資料収集を制約したり、検閲したり、収集した資料を書架から撤去、廃棄することは、利用者の判断の幅をせばめます。どんな事実や表現も、制限されることなく図書館に蓄積されていくことで、後世の人々も、知る自由と学ぶ権利を保障されます。

二　いつでも、どこでも、誰でも、身近に無料で利用できる図書館

図書館は、赤ちゃんからお年寄りまで、図書館に足を運べない人も、通常の資料では利用できない人も、外国人も、だれもがいつでも利用できる「本と情報のある広場」です。身近な図書館を「無料」で利用できることが、教育・情報格差をなくし、住みよいまちづくりを応援します。

三　資料・情報が豊富に収集・整理・保存・提供されている図書館

資料・情報は幅広く豊富なほど役にたちます。図書館には、世界を知る資料から地域や生活の最新情報まで、古今東西の叡智が、体系的に分類・整理・保存されていることが大切です。図書館は、私たち一人一人の読書の喜びのため、課題解決のためなど、さまざまな要望に応じて、より効果的・効率的に資料や情報を提供してくれるところです。

四　司書職制度が確立され、経験を積んだ館長と職員がいる図書館

潤沢な資料と情報があったとしても、必要な人に、必要とする時に手渡すことができなければ意味がありません。社会が複雑化し情報過多であればあるほど、収集・整理・保存・提供には専門知識と経験が必要です。職務倫理を備え、実務経験を積み重ねた職員、館長のいる司書職制度が確立した図書館が公共サービスを支え、質を高めます。

五　利用者のプライバシーを守る図書館

私たちがいつ何を読み、どう利用したかはプライバシーの問題であり、図書館は、業務上知り得た秘密

を外部に漏らさないという責務を負います。利用者の個人情報はもちろん、どのような種類の資料・情報もプライバシーを侵害されることなく安心して入手、利用できる図書館が、個人の尊厳に配慮した成熟社会へ導いてくれます。

六　情報公開と民意に基づく図書館協議会が機能する図書館

図書館協議会は、よりよい図書館運営のために、利用者の代表が館長の諮問に応じるとともに館長に意見を述べる大切な機関です。協議会が効果的に機能するためには、正確で公正な情報公開がなくてはなりません。市民の意思を十分反映できるように、開かれた図書館協議会を設置することが重要です。

七　教育委員会の責任で設置し、直接、管理運営される図書館

「図書館」は、法令上「教育機関」です。生涯学習の拠点である図書館は、さまざまな介入や干渉に左右されてはなりません。首長部局から独立した教育委員会において、公の責任のもと、直接、管理運営することで、中立性と公平性、専門性も継続され、市民の声が届きやすくなります。

ユネスコ公共図書館宣言　1994年
UNESCO Public Library Manifesto

■公共図書館

公共図書館は、その利用者があらゆる種類の知識と情報をたやすく入手できるようにする、地域の情報センターである。

■公共図書館の使命

情報、識字、教育および文化に関連した以下の基本的使命を公共図書館サービスの核にしなければならない。

1. 幼い時期から子供たちの読書習慣を育成し、それを強化する。
2. あらゆる段階での正規の教育とともに、個人的および自主的な教育を支援する。
3. 個人の創造的な発展のための機会を提供する。
4. 青少年の想像力と創造性に刺激を与える。
5. 文化遺産の認識、芸術、科学的な業績や革新についての理解を促進する。
6. あらゆる公演芸術の文化的表現に接しうるようにする。
7. 異文化間の交流を助長し、多様な文化が存立できるようにする。
8. 口述による伝承を援助する。
9. 市民がいかなる種類の地域情報をも入手できるようにする。
10. 地域の企業、協会および利益団体に対して適切な情報サービスを行う。
11. 容易に情報を検索し、コンピューターを駆使できるような技能の発達を促す。
12. あらゆる年齢層の人々のための識字活動とその計画を援助し、かつ、それに参加し、必要があれば、こうした活動を発足させる。

■財政、法令、ネットワーク

＊　公共図書館は原則として無料とし、地方および国の行政機関が責任を持つものとする。それは特定の法令によって維持され、国および地方自治体により経費が調達されなければならない。公共図書館は、文化、情報提供、識字および教育のためのいかなる長期政策においても、主要な構成要素でなければならない。

■運営と管理

＊　地域社会の要求に対応して、目標、優先順位およびサービス内容を定めた明確な方針が策定されなければならない。公共図書館は効果的に組織され、専門的な基準によって運営されなければならない。

■宣言の履行

国および地方自治体の政策決定者、ならびに全世界の図書館界が、この宣言に表明された諸原則を履行することを、ここに強く要請する。

＊　＊　＊

この宣言は、国際図書館連盟（IFLA）の協力のもとに起草された。

おわりに

情報公開もなく、市民参加もない図書館づくり計画が多くなっている昨今を憂いて、そうではなかった私の体験を、関係者や仲間の皆さんへの感謝と、全国で苦労しながら図書館の発展に尽くしている市民と図書館職員の皆さんへのエールのつもりでご紹介しました。コラムに挿入した『図書館っていいね！』の体験文の作者の方々、また快く資料を提供して下さった仲間の皆さんに心から感謝申し上げます。この本で述べた「図書館の懐の深さ」が、図書館づくり、町づくりにも反映されることを切に願っています。

「はじめに」でも述べましたが、私の仕事は「図書館」の助けなしではできません。図書館や本に関わるすべての皆さんに心からの感謝を伝えたいと思います。

図書館友の会全国連絡会代表の福富洋一郎様、静岡図書館友の会代表の田中文雄様をはじめとする同じ志の仲間たちのお陰で、細く長く図書館の発展を願う活動を続けることができました。この本の出版も、その延長線上にあると思っています。そして、本を片手に旅に出たくなるような素敵な表紙を描いて下さった菅野由貴子様、お陰様で思いがかたちになりました。

著名な絵本作家でもあり、「図書館」応援団のお一人でもある長野ヒデ子様には、本の価値があがるような心強い推薦文をいただきました。心からお礼申し上げます。

最後に、いつも私の仕事や活動を温かく見守ってくれている友人、家族たち、そしてこの本を読んで下さったあなたに、心から感謝申し上げます。

●著者プロフィール

草谷桂子（くさがや けいこ）

静岡県生まれ、静岡市在住。家庭文庫を主宰して33年。日本児童文学者協会、童話創作グループ「かしの木」所属。主な著作に、『白いブラウスの秘密』『青い目のお客さん』（偕成社）、『みどりの朝』（東京経済）、『さびしい時間のとなり』（ポプラ社）、『こどもと大人の絵本の時間』（学陽書房）、『絵本で楽しむ孫育て』（大月書店）、絵本に『プレゼントはたからもの』『おきゃくさんはいませんか？』『ぼくはよわむし？』（大月書店）など。

編集／本文DTP●粕谷亮美（SANTA POST）

絵本は語る　はじまりは図書館から

2013年11月22日 第1刷発行
2014年 2月10日 第2刷発行

著　者　草谷桂子
発行者　奥川　隆
発行所　子どもの未来社
〒102-0071 東京都千代田区富士見2-3-2-202
TEL 03-3511-7433　FAX 03-3511-7434
振替 00150-1-553485
E-mail：co-mirai@f8.dion.ne.jp
http://www.ab.auone-net.jp/~co-mirai
印刷・製本　株式会社 光陽メディア

ISBN 978-4-86412-069-2　C0037

子どもの未来社の本

福島県立図書館 司書・鈴木史穂さん推薦！

3・11を心に刻むブックガイド

草谷桂子《くさがやけいこ》【著】

A5判／定価（本体1400円＋税）

子どもの本を中心に3・11の記憶を綴る
300冊の本を一挙に公開！

さまざまな思いが込められた3・11に関連する数多くの本を丹念に収集し、「あの日を忘れない」300冊の本を厳選。

教室の絵本シリーズ
教室はまちがうところだ

蒔田晋治【作】長谷川知子【絵】

A4判変型／定価（本体1500円＋税）

全国の学校で愛され親しまれてきた詩が
素敵な絵本になりました。

子どもだけでなく、大人にも、先生にも読んでほしい！児童文学作家・宮川ひろさん推薦！

わたしはひろがる

岸　武雄【文】／長谷川知子【絵】

A4判変型／定価（本体1700円＋税）

多くの子どもたちを励まし続けた
あの名作が帰ってきた！

今の自分の姿を、周囲の社会と照らし合わせ見つめる中で、少女がたくましく成長する姿を描きます。

きみはきみだ

斉藤道雄【文・写真】

A4判変型／定価（本体1600円＋税）

「手話の学校」の子どもたち

日本ではじめて「手話」ですべての教科を学ぶ子どもたちの日常と、それを支える先生からのメッセージ。